요즘어른의 부머 경제학

인구감소 시대, 새로운 부의 법칙

요즘어른의 부머 경제학

BOOMER ECONOMICS

전영수 지음

1,700만 거대한 소비권력,
베이비부머의 소비트렌드

라의눈

베이비부머, 그들은 한국사회의
'짐'이 아니라 '힘'이다!

심상찮은 기운이 한국사회를 떠돈다. 갈수록 '설마'가 사실로 확인되는 분위기다. 최악의 시나리오, 바로 장기 고착형의 복합불황이다. 그간 숱한 위기를 잘 이겨냈기에 희망을 내려놓을 필요는 없다. 과민반응할 필요도 없다. 그럼에도 위기 경고를 외면해서는 안 된다. 상황은 쉽잖다. 어느새 피크 코리아, 퍼펙트 스톰 운운하는 미래 진단이 가볍게 읽히지 않는다.

불황 신호가 뚜렷해졌다. 사이클상 여기가 바닥이면 좋겠다. 산이 높아 골이 깊다면 다시 오르면 된다. 그게 아니라면, 이 상황은 더욱 낯설고 두렵다. 만약 이것이 수축사회 · 제로성장의 징조라면 상황 돌파는 복잡다단해진다. 부양책 등 관성적인 정책 카드만으론 역부족이다. 생산 · 소비 · 투자 모두 줄었다. 구조적인 삼재三災에 가깝다. 잠재성장률은 최대치가 2%다. 앞으로 한 번도 본 적 없는 새로운 세상 풍경이 펼쳐진다는 얘기다.

데자뷔가 느껴진다. 옆 나라 일본이다. 한때 세계 일등을 자랑하던 주식

회사 일본의 명성은 땅에 떨어졌다. 회복 조짐이 보이지만, 진짜 불황에서 벗어났는지에 대해 여전히 확신하지 못한다. 바닥 침체 20년을 훌쩍 넘기고 '잃어버린 30년'이란 말까지 떠돈다. 경기 진작을 위해 정책 카드가 총동원됐다. 제로금리부터 듣도 보도 못한 금융완화(QQE) 정책까지 쏟아냈다. 그러나 기대 이하였다. 돈을 아무리 풀어도 돌지 않는 유동성 함정만 커졌다. 불황 경고가 깜박일 때 놓쳐버린 판단 미스의 대가는 컸다.

일본을 괴롭히는 구조적 불황이 한국에서도 재현될까 두렵다. 풍경도 통계도 감각도 힘을 싣는다. 아니길 바라지만 적잖이 불안하다. 일본보다 상황은 더 나쁘다. 저성장·재정난에 인구병까지 겹쳤기 때문이다. 1990년대 일본은 최소한 인구병은 약했다. 저출생·고령화도 뒷덜미를 잡을 악재까진 아니었다. 하지만 작금의 한국은 일본을 제친 세계최저 출산율이 십수 년째다. 인구병 진단 이후 저성장·재정난은 훨씬 심화된다. 생산가능인구의 추세감소 탓이다. 강력했던 노동집약·우수인재의 성장모형이 결국 멈춰 선 듯하다.

인구위기는 강력한 메가 트렌드

인구병은 실존적이다. 일상공간에서 초저출생·초고령화가 생생하게 느껴진다. 이대로면 인구위기는 강력한 메가 트렌드로 한국사회를 덮칠 전망이다. 피할 수 없고, 없앨 수도 없다. 시행착오를 감안한 돌파 전략을 구사해야 한다. 설령 실패해도 훗날을 위한 경험은 쌓인다. 완벽한 한 수보다 좀 부족하더라도 유효한 실험과 행동이 필요하다는 뜻이다. 잽을 여러 번 날리면 어퍼컷을 이길 수 있다. 시간이 없다. 나서야 할 때다.

다만 상황판단은 정확, 문제 대응은 정밀해야 한다. 잘 살펴보면 유효한 답이 찾아진다. 늘 그렇듯 원인과 해법은 한 곳에 있다. 인류최초의 인구충격에서 벗어날 강력한 카드는 역설적이게도 급변한 인구통계에서 찾아진다. 인구병의 핵심은 생산가능인구의 감소와 피부양인구의 증가로 정리된다. 청년은 적고 노년은 많으니 강고했던 부양구조가 끊어지고 노동집약·우수인재의 고성장 모델도 멈춰 섰다. 그러니 문제의 원인으로 지목된 생산가능인구의 감소 지점에서 힌트를 찾아야 한다. 즉 생산가능인구의 유지·증가책이다.

이 책은 다섯 가지 해법을 제시한다. △후속세대 출생증가 △노동수입·이민확대 △생산현장 로봇확대 △비경제활동인구 완전연소 △평생근로·계속고용이다. 가장 손쉽고 확실한 방안은 마지막의 평생근로·계속고용이다. 생각만 바꾸면 곧바로 쓸 수 있는 카드다.

정리하면 생산가능인구의 유지에 결정적인 힘을 보태줄 베이비부머의 본격 등판이다. 일할 능력과 의지가 있는데 생산현장이 아닌 뒷방 퇴물로 전락하면 경제 활력은 사라지고 복지비용만 키운다. 반면 계속 일하면 적더라도 장기적, 안정적인 근로소득이 생긴다. 생산주체로 활약하니 소비 여력도 강화된다. 더 많이 오래 소비하니 경제에도 좋고, 연금 불안도 줄어든다. 어떻게 봐도 장점이 월등하다. 부모세대의 몸과 마음에 한국사회의 미래가 달렸다고 해도 과언이 아니다.

인구문제는 인구 카드로 풀어야 한다. 한국의 베이비부머는 1,700만 명 (1955~74년생)을 자랑한다. 엄청난 덩치에다 경험과 숙련도를 갖춘 무적의 존재다. 이들이 계속해서 생산가능인구로 잔류한다면 상황은 급변한다. 몇몇 전제조건과 이해조정이 필요하지만, 못할 것은 없다. 제도 수정에 따른 갈등비용보다 '부양대상→생산주체'의 효과가 훨씬 강력하고 지속적이다. 시대변화에 맞는 새로운 고용 준칙이 절실하다. 한 줌도 안 되는 기득권이 저항한다 해도 부머세대의 평생활약은 정해진 미래다. 뜯어보면 모두가 원하는 바다. 베테랑의 귀환을 위한 넛지를 찾아 방아쇠만 당기면 본인, 기업, 사회, 국가 모두 득보다 실이 많다.

불황터널의 유일한 출구 '요즘어른의 부머 경제학'

베테랑의 귀환은 다목적함수에 가깝다. 안 할 이유가 없는, 절대다수의 행복 품질을 높이는 지름길이다. 문제해결형 모델답게 사회적 가치와 경제적 가치를 모두 아우른다. 이들이 계속해 생산가능인구로 남으면 현역인구의 지속 공급과 같은 효과를 낸다. 저출생 시대의 자연스러운 노동력 확보다.

지금 필요한 것은 '초고령화=비즈니스'의 발상이다. 부머 경제학은 한국 사회를 암울한 불황터널에서 구해낼 유일한 출구에 가깝다. 분위기는 무르익었다. 격변의 70년대에 태어나 90년대를 경험한 '요즘어른'은 부머 경제학을 열어젖힐 의지와 능력을 완비했다. 한국사회의 구조 전환에 제격인 인구집단이다. 베이비부머라면 과거 질서와 현재 상황의 불협화음을 충분히 조정할 수 있다.

부머 경제학은 세계가 주목하는 대형 화두다. 고도성장의 끝단과 지속성장의 첫 단이 만나는 최초의 사례가 한국인 까닭이다. 과연 한국이 인구감소 시대에도 성장하는 최초모델을 만들어낼지 전 세계가 주목하고 있다. 선진국을 좇아 추격자로서의 수혜를 챙긴 한국이 지금은 그들을 추월해 듣도 보도 못한 신자본주의의 과제를 부여받은 퍼스트 펭귄이 되었다.

결국 부머 경제학은 지속가능한 자본주의 모델의 설계도와 같다. 노동집약의 성장곡선을 대체할 신 패러다임은 선진국들(EU 평균 ±1.6명)도 받아들여야 할 미래 좌표와 같다. 이제 거꾸로 한국을 좇는 선진국으로선 한국이 벤치마킹 대상이다.

이 책은 1,700만 베이비부머에 집중한다. 이를 위해 요즘어른의 프로파일을 시간변화에 맞춰 분석·예측했다. 그들의 고민과 한계에서 미래의 변화와 기회를 발굴했다. 핵심그룹인 70년대생 90년대 학번의 X세대를 다각도로 분해했다. 다양한 통계와 정보를 엮어 요즘어른의 존재감과 욕구를 정교하게 도출했다. 과거의 소극적이고 폐쇄적인 시니어 마켓과 완전히 다른 부머 경제학이 도출된 배경이다.

달라진 요즘어른의 새로운 소비욕구는 생활Life, 건강Health, 관계Relation, 유희Play, 희망Dream이라는 5단계로 분해된다. 삼시세끼와 같은 필수재부터 자산운용을 통한 적극적인 행복 연장이라는 사치재까지 아우른다. 즉 5단계 욕구마다 각각 4개씩의 세부 화두를 추출함으로써 총 20개의 소비 화두가 등장했다. 베이비부머의 욕구를 필수재에서 사치재에 이르는 스펙트럼상에 놓는 아이디어는 필자의 책『피파세대 소비심리를 읽는 힘(2016)』에서 차용했다.

그럼에도 책의 문제 제기와 해법이 완벽하지 않음을 고백한다. 곳곳에서 부족한 근거와 비약, 견고하지 못한 연결이 확인될 것이다. 모든 한계는 필자에게 수렴한다. 다만, 급변 중인 현재를 토대로 아무도 가본 적 없는 미래 예측을 시도했다는 점에서 너그러이 양해해주길 바란다.

이 책이 제안하는 지점들이 한국사회를 복합경고에서 구해낼 유력한 출발 지점이란 점을 다시 한번 강조한다. 지속가능한 한국사회를 위한 다양한 논쟁 재료로 쓰인다면 더할 나위가 없겠다. 뭐라도 해야 하는 중차대한 형국이다. 1,700만 베이비부머, 그들이 '짐'이 아닌 '힘'이 될 때, 한국사회도 다시 희망을 말할 수 있을 것이다.

전영수
한양대 연구실에서

차 례

Chapter
01

경고등 켜진 한국사회의 앞날

Chapter
02

요즘어른, 그들은 누구인가?

Chapter
03

아직은 무주공산, 시니어 마켓

Chapter 04

밥, 몸, 집, 웰다잉 | 요즘어른 소비화두 1

Chapter

05

함께, 신나게, 행복하게 | 요즘어른 소비화두 2

경고등 켜진
한국사회의 앞날

삼중고의 한국사회,
기적은 어디에

'갈 길이 바쁜데 쭈뼛대며 멈춰 서 있다.'

한국사회의 현 상황을 묘사하면 딱 이 모습이다. 우왕좌왕의 시간은 갈수록 늘어난다. 당겨져도 될동말동한데 눈치와 핑계 속에 국민의 체증만 가중된다. 아슬아슬한 구조개혁의 골든타임을 대놓고 낭비하는 정치 무능이 난무한다. 이대로면 각자도생뿐이다. 상황 급변이 제도 붕괴, 정책 실종, 사회 갈등으로 이어지고, 자칫하다가 조정과 타협, 양보와 공존이 사라진 만인 투쟁의 장을 열어젖힐까 심히 우려스럽다.

기우杞憂라면 좋겠는데, 만만찮은 상황임을 증빙하는 제반통계가 적잖다. 양적으로 질적으로 확연하게 악화되는 추세다. 경제적인 성장지표도,

사회적인 불행지표도 갈수록 나빠진다. 한국사회를 둘러싼 외신의 걱정마저 일상적일 정도다. 물론 누구의 잘못이라 단언하긴 어렵다. 정치·경제의 룰을 정하는 결정권자의 능력이 결과에 영향을 미치겠지만, 어쨌든 상황을 뒤집기는 어렵다.

한국사회의 경고는 구조적이고 환경적인, 즉 불가항력적인 추세 반전에 따른 탓이 크다. 한마디로 높고 길게 뻗던 상승 루트가 닫히면서 그만큼 기울기가 급한 하락 루트에 진입한 것이다. 산이 높으면 골이 깊듯 고성장의 기억과 경험이 먹혀들지 않게 된 시대적 압박이 위기에 투영된 결과다.

시대적 압박은 3가지로 정리된다. 우리 시대를 관통하는 수천, 수만 가지 요소가 있지만, 얼추 정리하면 △저성장 △재정난 △인구병의 3대 악재로 요약된다. 셋은 구조적인 연결고리와 파괴적 영향력을 갖는다. 상호 연결고리를 이해하면 크게는 미래사회의 작동 질서를, 작게는 시장주도의 소비판도를 추출하는 힌트를 찾을 수 있다.

지금처럼 한 치 앞을 내다볼 수 없는, 적과 아군이 뒤섞인, 게임의 룰이 시시때때로 변하는 대혼란기일수록 효과적인 미래 독법은 성공전략의 우선순위일 것이다. 즉 성장이 멈춰 서고, 곳간은 비어가며, 인구는 줄어드는 전대미문의 동시다발적 악재 출현이 준비된 누군가에는 훌륭한 퀀텀점프의 도약대가 될 수 있다는 뜻이다.

저성장, 재정난, 인구병 – 인류최초의 삼중고

3대 악재 중 최초의 방아쇠는 저성장이다. 한국사회는 장기적·구조적인 복합불황에 들어섰다. 그간 높이 올랐으니 조정·반등 차원에서라도 깊숙이 내려올 수밖에 없다. 최대한 충격을 흡수해 후폭풍을 줄이는 게 최선이다. 고성장을 위한 인위적인 개입도 먹혀들기 어렵다. 성장·물가의 동반 하락인 '디플레이션Deflation'이나 저성장·고물가의 '스태그플레이션Stagflation' 중 하나로 귀결될 전망이다. 공통적인 건 인플레이션 시대의 종언이다. 성장 여력이 존재한다는 신중파도 있지만 판세는 만만찮다. 성장이 끝난 선진국의 공통적 숙명인 데다 추가 요소 투입도 기대할 수 없기 때문이다.

한국경제의 성장모델은 이례적이며 드라마틱하다. 아무것도 없던 상황에서 여기까지 숨 가쁘게 달려왔다. '중진국→선진국'으로의 도약도 이뤄냈다. 선진국 문턱에서 좌절하는, 이른바 중진국의 함정Middle Income Trap=Growth Trap에도 빠지지 않은 예외적 사례도 기록했다. 인구증가라는 보너스를 통해 '농촌인구→도시유입→노동흡수→임금인상→성장지체'의 구간을 설명하는 루이스 전환점Lewis Turning Point도 비교적 큰 마찰 없이 돌파했다.

문제는 지금부터다. 선진국답게(?) 성장활력이 줄면서 불황공포가 커졌다. 최악의 경우 선진국에서 중진국으로 강등되는 불명예 라벨이 붙을지도 모를 일이다. 여타 선진국과 달리 월등히 성장하지도 못했고, 체력 비축조차 지지부진하며, 경제구조도 외부 의존적이라 낭설로 치부하기 어렵다.

성장통계가 이를 뒷받침한다. GDP 성장률이 10%대를 찍던 1980년대부터 추세적 하락에 진입했다. 40여 년이 흐른 지금은 0에 수렴하는 1%대에 머문다. 생산요소를 모두 투입해 얻을 수 있는 최대치(잠재성장률)조차 2% 아래로 떨어졌다. 5년에 1~2%P씩 꾸준히 성장 감퇴가 이뤄졌다는 것은 정권이 아닌 구조 탓이란 얘기다. 어쨌든 압축·고도성장의 한국 모델이 멈춰 선 것은 팩트에 가깝다.

저성장은 일상의 충격으로 다가온다. '성장감소→소득감소→소비감소→실적하락→고용악화'의 악순환이다. 빈약한 복지에 길어진 노후생활을 볼 때 저성장 파고에 휩쓸리면 무차별적인 갈등과 빈곤, 공포가 불가피하다. 불황 타개책이 절실하나 능력도 의지도 부족하다. 혁신적이고 강력한 구조개혁은 연기되거나 포기된다.

이로써 '한강의 기적'이라 불리던 한국적 성장모델은 과거의 유산으로 전락한다. 자본주의와 민주주의의 융합 속에 한국 특유의 성장 활력과 긍정이라는 동력이 만들어낸 한국모델은 '인구증가→인구감소'를 필두로 '고성장→저성장', '균형재정→적자재정'의 도미노 현상을 일으킨다. 실제로 노동·자본의 요소를 투입해 개발을 이끌던 성장모형은 힘을 잃었다. 추격자로서 누리던 혜택이 사라지니 선행경험을 벤치마킹할 선도국가도 없다. 폴 크루그먼Paul Krugman을 비롯한 학자들이 패러다임의 전환을 역설하는 까닭이다. 공황은 없더라도 불황은 계속되듯, 저성장이 영구적인 트렌드가 될 것이란 분석이다. 한국을 포함한 세계 경제의 일반적인 성장 속도와 규모가 모두 축소된다는 얘기다.

특히 저성장은 한국에서 더 아프고 실체적이다. 한국경제가 만들어온 특유의 산업구조 때문이다. 즉 수출 · 제조 · 재벌의 삼두마차에 대한 의존이 고성장 때는 성장 보폭을 키우는 데 유효했지만, 지금은 정반대로 위기를 가중시킨다. 선진국의 제조업 비중은 GDP 대비 10~20%인데 한국은 여전히 30%대에 육박한다. 한국은 지금도 여전히 제조업으로 먹고 산다. 선진국과 개도국 경제를 '제조업 비중 30%'로 나눈다는 사실은 우리 경제의 취약성을 실감케 한다.

제조방식 변화와 공급체인 확대로 제조업에서 누려온 우위가 훼손되고 있는 가운데, 대외 변수의 위험도 상시적이다. 트럼프 2.0 시대의 불확실성이 대표적 사례다. 낙수효과조차 미미해 내수경기와의 엇박자도 염려된다. 실제 한국의 서비스업은 GDP 대비 40% 내외로 OECD 평균치(60% 내외)보다 비중과 영향력이 낮다.

정부곳간 더 빨리 바닥난다

'소득 있는 곳에 세금 있다'라는 말은 상식이다. 그동안엔 소득과 세금의 형평성이 문제였을 따름이다. 하지만 앞으로는 달라질 듯하다. 저성장으로 수익이 줄어들면 세금도 줄어들 수밖에 없다. 실제 2000년대부터 세금으로 세출을 충당하지 못해 정부곳간이 바닥을 드러내고 있다. 균형재정의 붕괴다. 저성장이 심화될수록 재정난은 악화되고, 안전망은 급격히 훼손될 전망이다. 재정의 역할이 커지는 상황에서 재정이 바닥나는 역설적인 상황에 직면하게 된 것이다.

한국의 국가채무는 우상향 흐름이다. 2024년 11월 말 기준, 1,160조 원으로 매년 5~15%씩 늘어난다. 빚으로 국가 살림을 꾸린다는 얘기다. GDP 대비 부채비율은 50%에 육박한다. 250%대를 넘나드는 일본보다는 사정이 좋은 셈이다. 실제로 한국의 재정은 다른 선진국에 비해 양호하다. 2024년 OECD 평균 부채비율은 75%다. 문제는 증가하고 있는 속도다. 고집스러운 긴축재정으로 '세입 내 세출' 원칙을 고수해왔는데, 앞으로는 대규모 재정적자 발생이 불가피할 것이다. 감세정책과 복지 확대 등 재정건전성을 악화시킬 요인이 줄줄이 대기 중인 데다 기존 부채의 이자 부담도 속 쓰리다. 연금으로 나갈 돈과 공공부채까지 감안하면 긴장해야 할 수준이다.

재정난의 원인은 크게 3가지로 정리된다. 첫째, '복지수요→정부지출'이다. 인기에 영합한 정책이 재정지출 증대의 압박으로 나타난다. 둘째, '경기침체→매출하락→세수감소→재정부족'으로 연결되는 경기 요인이다. 셋째, 증세 역설을 우려해 낮은 조세부담률을 유지하려는 동기다. 실제로 복지예산은 급증세다. 보건복지부의 복지예산만 126조 원(2025년)으로 금액이나 비중으로는 복지대국(?)에 가깝다. 모두 인구변화 탓이다. 현역인구의 세수 감소와 고령인구에 대한 예산 증가가 융합된 결과다. 여기에 저성장은 노동력과 저축률 하락을 부채질한다. 실제로 2017년부터 생산가능인구(15~64세)의 하락 반전이 시작됐다. 노동 개시 연령도 늦어진다. 신입사원 평균연령이 30세를 넘기는 판에 세수 증가는 난망이다.

주목할 것은 고령인구의 정부곳간 의존이다. 이것이 사회보장제도의 지속가능성을 위협한다. '출산저하→현역감소→조세감축'의 감소세와 '고령증가→복지수요→재정부담'의 증가세라는 더블펀치다. 부양인구는 많아지고, 세금을 낼 현역인구는 줄어드니 재정은 갈수록 악화된다. 특히 사회보험, 공공부조, 사회서비스라는 3대 사회보장 중 '사회보험'은 인구감소와 직결된다. 공공부조와 사회서비스는 최소 안전망National Minimum이라도 있지만, 사회보험은 부담자와 수익자의 균형으로 지탱된다. 5대 사회보험의 재원이 현역인구가 내는 보험료이므로, 지속가능할 수가 없다. 이런 논리로 보면 건강보험 역시 미래의 악재다.

추계범위 벗어난 인구병

결국 저성장과 재정난을 구조적으로 완성하는 악당은 '인구병'이다. 한국이 추격하던 선진국들은 아직 인구병이라 할 단계는 아닌 듯하다. 출산율만 봐도 1.6~1.8명대로 한국(2024년 0.75명)에 비하면 굳건하다. 일찌감치 시작된 저성장과 재정난이 골칫거리지만, 최소한 인구구조는 완만한 기울기를 유지하고 있다. 선진국들은 되레 한국이 0.7명대까지 떨어진 이유를 궁금해한다. 해외 셀럽이란 사람들이 한국의 초저출생에 이러쿵저러쿵 말을 보태는 것은 그만큼 듣도 보도 못한 수치이기 때문이다. 문제는 초저출생이라는 인구병이 저성장과 재정난 악화를 가속시키는 요인이란 점이다. 덜 태어나고 더 오래 사는 삶은 성장기반을 무너뜨리고 재정지출 확대를 강제한다. 생산가능인구가 줄어드는데 성장·재정이 좋을리가 없다.

사실 호황과 불황은 모두 인구문제로 통한다. 최소한 '인구=국력'이라는 등식은 상식이다. 어떤 경제전망도 인구통계만큼 효율적이지 않다는 말이 있듯이, 인구는 성장의 핵심변수다. 'Q=f(K, L)'로 정리되는 생산함수도 자본(K)과 노동(L)이 양축이다. 출산저하는 성장지체로 이어지고, 성장

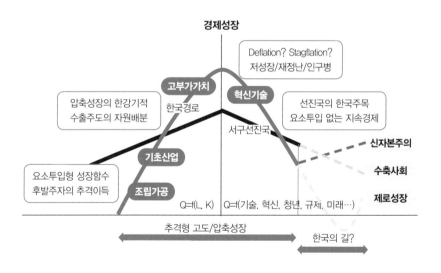

◎ 삼중고의 한국사회와 신자본주의 수립과제

지체는 다시 출산저하를 유발하는 악순환 연쇄구조는 인구문제를 심화시 킨다. 한국에 앞서 65세 이상 노인인구가 20%를 넘어 초超고령사회에 진 입한 일본, 독일, 이탈리아 역시 '저성장→인구병'의 후폭풍이 거세다. 성 장둔화, 재정압박, 격차확대, 사회폐색 등이 이어진다. 실제 인구병은 거 시경제부터 정부정책, 기업경영 등 모든 측면에서 근본적으로 판을 뒤집 는다. 무대가 달라지면 당연히 전략이 바뀐다.

거시경제로는 성장률의 하락, 고용시장의 구조 악화, 격차 확대 등 부 정적 환경변화가 가속화된다. 정부정책에서는 인구감소가 사회안전망 약 화, 고용불안, 자원배분의 비효율성, 성장활력의 부재 등을 야기한다. 기 업경영에도 인구감소는 악재일 수밖에 없다. 그나마 서비스업은 낫지만 제조업, 금융업 등은 획기적인 전략 변화가 없다면 생존도 담보하기 어려 워진다. 사실상 거의 모든 불행지표의 원인으로 인구감소를 지적해도 과 언이 아니다. 이것이 바로 '인구 오너스Population Onus', 인구 보너스의 반 대 개념이다. 특히 고용 없는 모델이 고착화되면 인적자본의 투입은 질 적, 양적 측면 모두에서 한계에 봉착한다. 실업률이 높아지고 생산성은 하락하는 것이다.

악재와 위기가 아닌 '절벽'과 '소멸'로 표현되는 인구변화는 충격이다. 인류 최초의 기록을 갱신 중인 한국의 최저출산율이 바로 이런 상황이다. 2022년 0.78명이었으니 2023년 2·3분기 연속 0.70명, 2024년 0.75명 수 준으로 세계 신기록을 보유하고 있다. 한국보다 저출생, 고령화가 빨랐던 주요 국가들(EU, OECD)은 평균 1.6명대 수준이고, 일본조차 1.27명(2022

년)이다. 압축성장, 고도성장을 이룬 한국이 가장 압축적이고 가장 빠른 추락을 시전 중이다. 추계편차를 벗어난 초저출생은 복지·조세·산업 등 애초 설계된 사회구조의 기반을 파괴한다. 지속가능성은 갈수록 약화된다. 반전이 없다면, 100년 후 한국이 멸종할 것이란 예측도 나온다.

물론 수없이 노력했다. 능력과 의지는 차치하더라도 예산과 시도는 상당했다. 미래 운명을 결정할 절실한 우선의제답다. 하지만 가성비는 별로였다. 투입 대비 산출로 따지면 낙제점이다. 안타깝게도 따르고 배울 선행사례는 없다. 저성장, 재정난, 인구병이라는 3가지 딜레마(트릴레마)에 직면한 나라는 한국뿐이다.

입장이 뒤바뀌어, 선진국들이 한국의 행보를 주목하고 있다. '인구감소+지속성장'의 새로운 질서를 창조할지, '선진국→중진국'의 파멸을 겪을지가 관심사다. 시대변화에 맞는 구조개혁과 그에 맞물린 새로운 패러다임를 만들지 않는다면 후자의 시나리오가 가동될 것이다. 살아남기 위해 지금 필요한 것은 정확한 진단과 혁명적인 접근법이다.

인류 최초
'한국형 인구충격'

그동안 한국사회는 멋지게 잘해왔다. 압도적 고성장으로 자본주의의 교과서, 최고의 모범국가로 자리매김했다. 각종 통계는 한국이 선진국임을 증빙한다. 문제는 이제부터다. 선진국 그다음의 경로 확보라는 숙제가 주어졌다. 멈춰 선 생산 여력에 맞서 성장욕구를 실현해줄 신新자본주의를 풀어내라는 메시지다. 안타깝게도 벤치마킹 대상은 없다. 저성장 · 재정난 · 인구병의 선진국형 삼중고는 현재 한국만의 몫이다.

세계가 한국을 주목하고 있다. 그들에게도 언젠가 닥칠 성장절벽에 내몰린 샘플인 까닭이다. 제로성장 또는 역성장이 예고된 선진국의 고민을 뒤늦게 뛰어든 한국이 통째 떠안았다. 한국이 풀어내면 지속가능한 '포스트 자본주의'의 표본이 되겠지만, 실패하면 '선진국→개도국'의 표본이 될 처지다. 선진국들이 한국의 인구 대응에 부쩍 주목하고 있다. 그들이 기대하는 것은 인구증가를 바탕으로 한 노동·자본 투입형 전통 모델이 아니라 '인구감소→지속성장'의 신자본주의 생산함수다.

한국의 인구 대응은 국가 차원을 넘어선다. 좀 과장하면 전 인류의 지속 가능 연구 테마로 올라선다. 노동·자본 등의 요소 투입이 없는 경제성장은 그만큼 중요하고 시급한 이슈다. 모두가 알듯 자본주의는 1.0 버전(고속 성장) 이후 고장 난 성장모형으로 퇴색했다. 금융위기 등 탐욕과 격차가 심화되고 있는 현재, 자본주의 2.0 버전(지속발전)은 인류 미래를 가늠할 바로미터에 가깝다. 왜 우리에게 이런 총체적 난제가 주어졌을까 하고 억울해할 필요는 없다. 이는 영광스러운 과업이자 피할 수 없는 카드다. 한국사회의 위기 탈출과 함께 완전히 새로운 미래 질서가 재편될 전환점이다.

인구 없는 성장, 신자본주의는 가능할까?

그렇다면 매년 자체 갱신하는 0.7명대 세계신기록은 왜, 어떻게 만들어진 것일까 분석하는 게 먼저다. 원인을 정확히 알아야 대응도 정확히 할 수 있기 때문이다. 다른 나라들과의 비교를 위해 중립적인 시선으로 분해해 보면, 한국사회의 특징과 환경이 초저출생의 배경임을 확인할 수 있다.

즉 인구변화는 크게 자연증감(출생 vs. 사망)과 사회증감(유출 vs. 유입)으로 나뉘는데, 한국은 주요 선진국과 달리 사회증감의 설명력이 훨씬 크다. 서구사회의 인구변화는 자연증감이 대부분인데(물론 최근에는 이민 등 국제적 이동의 규모와 비중이 늘긴 했다), 한국은 사회증감이 인구 총량을 결정짓는다는 특징을 갖는다. 이것이 인류 최초의 초저출생을 기록한 근본적이고 구조적인 원인이라 판단된다.

이런 점에서 한국은 세계적 연구 대상이다. 정확히는 한국, 중국, 일본, 동북아 3국이 모두 그렇다. 정도의 차이는 있지만, 대개 한국과 유사한 인구변화를 보인다. 정리하면 잘 살기 위한 개별적인 성공모델이 사회이동을 일으키는데, 그 방향성이 '저밀도·고출생지→고밀도·저출생지'인 탓이다.

한중일 3국은 노동집약형 성장모델이 채택된 국가다. 생산요소 중 확실한 비교우위는 우수인재이고, 우수인재는 고학력자로 대변된다. 고학력을 실현하기 위한 고등교육기관은 하나같이 수도권에 있어 그 방향으로 대거 몰릴 수밖에 없다. 인구가 집중된 고밀 수도권은 생활비용이 늘어나 허리띠를 졸라매야 한다. 청년이 결혼과 출산을 연기·포기하는 선택을 하며 저출생이 심화되는 흐름이다. 공부를 잘하고 좋은 대학에 가는 것 이외의 성공모델이 통용되고 존중되는 주요 선진국은 이해하지 못하는 포인트다. 자연증감에 특화된 서구적 인구학과 저출생 대응론이 한국에 먹혀들지 않는 이유다.

성글지만 결론부터 정리하면, 한국형 자본주의는 우리만의 차별적인 인구변화로부터 시작되고 완성된다. 즉 한국형 성장모델은 한국 특유의 사회이동과 중첩된다. '사회이동→경제성장'에 닿는 관련성·인과성이 꽤 농

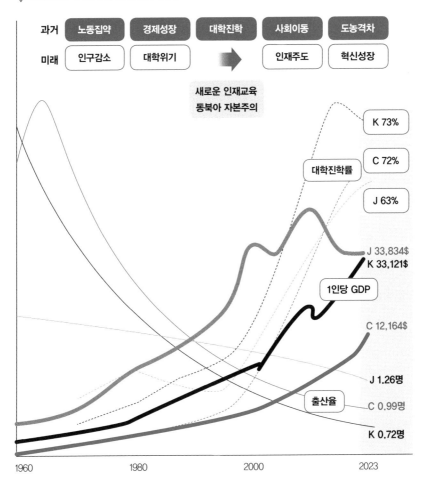

한중일 3국의 교육, 성장, 인구 비교

과거	노동집약	경제성장	대학진학	사회이동	도농격차
미래	인구감소	대학위기	→	인재주도	혁신성장

새로운 인재교육
동북아 자본주의

K 73%

C 72%

대학진학률

J 63%

J 33,834$
K 33,121$

1인당 GDP

C 12,164$

J 1.26명

출산율   C 0.99명

K 0.72명

1960　　　1980　　　2000　　　2023

후하다.

　동시에 서구와 비교되는 한국만의 색다른 수식어는 또 있다. '급격하고,
지속적이며, 고집스러운' 사회이동이 그렇다. 그동안 외골수의 사회이동

이 성장 과실을 담보했다는 얘기다. 한국 특유의 사회이동을 분석하지 않는다면 과거의 성장모형뿐 아니라 미래의 예상 경로도 떠올리기 어렵다. 사회이동을 품는 확장 개념이 바로 '인구변화'다. 그렇다면 한국에서는 사회적 이동이 인구변화뿐 아니라 성장모델의 통제변수일 수밖에 없는 것이다.

한국사회는 '사회이동→경제성장'을 증빙한 대표적 모범사례다. 원래 사람은 이동한다. 호기심과 모험심을 넘어 더 잘 살기 위해 이동한다. 그러니 사회이동은 인류의 핵심적인 발전 엔진이자 진화의 동력이다. 인류의 사회이동이 남긴 족적과 사회발전의 과실은 같은 궤도로 수렴한다. 결국 사회이동은 단순한 지리적 문제가 아닌 사회·문화·경제·정치적 편익의 총합과 직결된다. 특히 동북아의 사회이동은 공통적인 동기로 묶인다. 사농공상의 질서에 기반한 '입신양명'의 성공을 좇는 주술적, 신화적 동기 말이다.

학력 중심의 성공 인생론

한중일 3국, 특히 한국은 '공부'를 하늘처럼 생각한다. 자신이 상대보다 우월하다는 증빙이자 승자의 표식이다. 계약사회인 서구의 상식과는 사뭇 다르다. 많이 옅어졌지만, '교육→직업'은 강력한 인식체계다. 뜨거운 교육열도 3국이 꼭 닮았다. 오죽하면 동도서기東道西器처럼 테크닉은 서양을 좇아도 가치는 동양이 최고란 타협 전략까지 나왔을까. 문제는 여기서부터다. 선망하는 교육과 직업을 특정 공간이 독점하기 때문이다.

자원집결지인 수도권·대도시가 아니면 양질의 학력과 우월한 직업을 실현할 수 없다. 과거급제까진 아닐지언정 중산층의 삶조차 승률을 높이려면 도시로의 사회이동은 불가피하다. 이때 인구감소는 격화된다. 사회이동 자체가 '고출생지(로컬)→저출생지(도시)'를 뜻해서 그렇다. 로컬에 있었다면 그나마 태어났을 잠재 출생이 이동으로 더 줄어든다. 한중일 3국이 총인구감소 세계랭킹 1~3위에 오른 이유다(일본 2016년, 한국 2020년, 중국 2023년). 공교롭게도 3국은 교육을 통해 성공을 확인하는 삶을 표준으로 받아들인다.

사회이동과 인구감소는 논리적으로 연결된다. 즉 '인구변화→사회변화→인구변화'처럼 독립·종속변수의 무한루프가 빚어낸 자기복제적 순환의 결과다. 인구란 것이 생산과 소비의 주체일뿐더러 현재인구의 미래 선택에까지 영향을 미쳐 그 원인이든 파장이든 다층·복합적일 수밖에 없다.

그럼에도 정리하자면 한국의 인구감소는 두 가지 원인으로 나뉜다. 일반론 vs. 특수론이다. 전자는 저출생·고령화에 닿는 이론 및 구조적인 배경이고, 후자는 한국(동양)사회만의 경로 의존 혹은 특이상황을 뜻한다. 결국 둘이 뒤엉켜 최초이자 최저의 충격적인 인구통계를 낳았다. 대응 시점마저 놓치자 내려꽂힌 출산율은 인구학의 추계범위마저 벗어나 엄청난 가속도를 내고 있다.

일반론으로 보면 한국형 인구감소는 '고성장→저성장'의 기조 변화가 원인이다. 인구 급변은 고령화율(전체 인구 중 65세 이상의 비율)의 증가로 나타나는데, 일차적 추동변수는 분모의 감소다. 분모가 줄면 분자가 그대로라도 비율이 올라간다. 분모 급감(초저출생)에 분자 급등(베이비부머의 대량 은퇴)이 연결되면서 출산율 0.7명대(2024년 0.75명)가 만들어졌다. 저성장에 대응한 후속세대의 합리적 선택이 출산 급감이다. 한정된 자원을 놓고 무한경쟁을 벌여야 하는 그들이 결혼과 출산을 통한 가족 분화를 택하기란 어렵다. 서구의 여러 나라들이 저성장 이후 인구 유지선(출산율 2.1명)을 깬 것도 같은 이유다.

한편 특수론은 동북아, 특히 한국만의 출산 포기에 집중한다. 수도권의 자원집중, 학력중심 성공모델, 고비용형 결혼·출산, 성차별적 독박육아 등이 유력한 요인이다. 하나같이 '저밀도·고출생(로컬)→고밀도·저출생(도시)'의 이동을 낳는다. 잔존한 유교문화와 힘거운 가족분화라는 한국적 허들까지 높아 결혼과 출산은 포기된다. 한중일 중에서도 한국이 유독 '입신양명→학력주도→수도전입→비용급증→결혼포기→출산감소'라는 강고

◎ 세계 출산율 추이

	2015~2020년 평균	2023년	2023년 한중일
북미	1.8명	1.6명	
남미	2.1명	1.8명	한국 0.72
아프리카	4.2명	4.1명	중국 0.99
유럽	1.6명	1.4명	일본 1.26
아시아	2.3명	1.9명	

한 연결고리를 갖는다. 특히 여성은 독박육아로 경력이 단절될 것을 두려워해 출산을 주저한다.

이런 상황에 맞물린 대책이 없었던 것은 아니다. 지금도 나름의 대책은 숱하게 등장하고 논의된다. 사실상 안 해본 게 있을까 싶다. 항간의 논쟁거리인 '15년간 380조 원'이라는 천문학적 예산이 그 방증이다. 그간 별짓을 다 해봤지만 결과는 낙제점, 원금도 못 건진 초라한 성적표다. 시대변화를 외면한 고루한 원인 분석과 늘 해오던 단편적 대응의 결과다.

멈춰 선 사수가 움직이는 과녁을 맞추기는 어렵다. 행정편의, 복지부동의 표지갈이 정책 세트만 내놓은 탓이다. 기성세대의 저항만 신경 쓰며 시대변화의 본질에 눈감은 총체적 패착에 가깝다. 백화점식 정책 나열이 반복될수록 MZ세대의 궤도 이탈은 확대된다.

원인과 해법의 미스 매칭도 문제다. 인구 대응만큼 고비용·저효율의 정책과제도 없다. 인구충격의 체감에 시간 차가 있듯 '투입→성과'도 지체현상이 생긴다. 장기적 계획에 거액의 예산이 투입돼도 그 성과는 한참 후에나 확인된다. 정책 실행의 유인·동기가 낮다는 뜻이다. 바로 티가 나는 인기정책이 아닌 데다 고통 분담마저 전제된 인구 대응이 먹혀들 리 만무하다. 의지, 능력과 무관하게 윤석열 정부에서 노동·교육·연금의 3대 개혁을 국가 의제로 띄우고 '지방시대'를 국가의제로 정리한 바 있다. 인구 대응은 최상단 리더십의 관심과 의지가 중요하다. 물론 뾰족한 수는 없다. 벌써 시작했어도 이미 늦었으므로, 상황 반전보다 완화와 적응전략에 집중할 때다.

저출생보다 세고 아픈
초고령화

지금 필요한 건 퀀텀 점프다. 한국이 새로 쓸 선진국형 신자본주의는 완만한 발전 전략이 아니라, 몇 계단을 뛰어넘는 파격적인 도약전략이어야 한다. 요소 투입에 비례해 부가가치가 나오는 단순 셈법은 끝났다. 요소 투입 없는 지속성장을 위해서는 발상의 전환이 필요하다. 다행인 건 1.0 버전의 성장 모범국인 한국이면 그나마 뭔가를 할 수 있지 않을까 하는 기대감이다. 고성장의 동력을 이어 나갈 추가적인 투입 화력은 한국만의 익숙한 경험이자 도전에 가까워서다. 서울공대 26인의 석학이 쓴 『축적의 시간』에 나오는 표현을 빌리자면, 1단 로켓의 성능을 받아줄 2단 로켓의 점화에 심혈을 쏟을 때다.

문제는 인류 최초로 맞닥뜨린 전대미문의 실험이란 점이다. 후진국, 개도국, 선진국, 그다음은 무엇일까. 아무도 가보지 않은 길답게 묘사도 훈수도 불가능하다. 성장함수의 노동(L)과 자본(K)을 대체할 요소가 있기는 할까? 별건의 요소 투입 없이도 부가가치를 만들어낼 수 있을까? 개념 자체가 낯설고 엉뚱하다. 그럼에도 갈 수밖에 없다면 제대로 준비하는 방법뿐이다. 노동도 자본도 아니지만 부가가치를 낳는 뭔가에 주목해 일찌감치 '총요소생산성TFP'이라 불렀듯이, 이들 잠재요소를 착실히 인수분해해서 퀀텀 점프를 위한 공통분모로 끄집어내야 한다.

그렇다면 고성장이 끝난 후에도 지속가능한 새로운 부가가치 모델은 어떻게 찾을 수 있을까? 선진국이 주목하는 인구감소형 지속사회는 어떤 자본주의여야 할까? 고민은 깊어지고 시행착오는 많아질 수밖에 없다. 선행사례가 없으니 올곧이 더 참신한 상상력과 냉철한 사고력이 요구된다. 유력한 대안 후보는 '강점의 경쟁력'과 '약점의 역발상'으로 요약된다. 어차피 전통적 개념의 양적 생산요소는 감소되고 제한된다. 총량적인 인구감소는 생산과 소비의 동시다발적 악재일 수밖에 없다. 새로운 접근법과 스토리가 절실한 시점이다. 최선은 악재(위기)를 호재(기회)로 재구성하는 것이다.

초저출생에 가려진 거대인구의 신시장

인구변화를 예로 든다면 저출생의 위기를 기회로 전환하는 식이다. 저성장·재정난·인구병을 어쩔 수 없다며 손 놓고 있기보다는 드러난 문제를 새로운 기회로 삼는 전략을 재구성하자는 취지다. 한국사회가 인구감소를 되레 성장 기회로 반전시키는 코페르니쿠스적 발상의 대전환을 모델링해보자는 얘기다. 가능성은 있다.

강력한 후보는 '초고령화'다. 압도적 저출생과 효과 없는 인구 대책에 당황하는 사이, 초고령화가 조용히 안착하고 확대 중이다. 65세 이상 인구가 2025년 20%대에 진입했다. 예상보다 빠르다. 결코 무시하지 못할 사회문제인 초고령화를 또 다른 난관이 아니라 난관 돌파의 에너지로 쓰자는 것이다. 피할 수 없으며, 복합적 문제의 축적을 막는다는 점에서 초고령화의 활용은 한국사회가 풀어야 할 당연하고 바람직한 과제다.

이미 시대는 달라졌다. 속도와 범위가 빨라지고 넓어지고 있는 만큼, 변

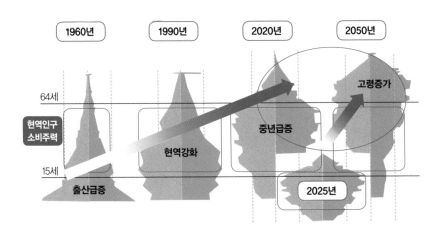

◎ 인구 피라미드로 본 초고령화 시대

화를 거부할수록 입지는 좁아진다. 진원과 진앙을 알면 규모와 진도를 유추할 수 있듯, 변화의 근거와 추이를 파악하는 것이 무엇보다 중요하다. 강력한 시대변화를 이끄는 동력은 인구구조의 양적·질적 변화로 귀결된다. 저출생·고령화로 정리되는 인구구조가 한국사회의 전환을 재촉하고 있다. 가장 빨리 줄어드니 가장 빨리 늙어가는 셈이다. 이 역시 선행모델도 없고 비교대상도 없다.

시대가 변해도 기업은 똑같다. 생존하고 몸집을 키우는 것이 집단의 목적이고 숙명이다. 기업은 성장하고 시장은 확장되어야 한다. 0.7명대의 초저출산율(2024년 0.75명)이든, 1,000만의 초고령화(2024년)든 인구변화가 현실에 녹아들기까지는 시차가 존재하는데, 갈등이 가장 먼저 체감되는 최전선이란 게 존재한다. 다시 말해 공포는 저출생이 먼저이지만, 충격은 초고령화부터 시작된다. 출산율 0.7명대는 무섭지만 여파는 훗날로 미뤄진다. 반면 고령인구 1,000만 돌파는 고스란히 나의 생활에 스며든다. 한국사회의 당면 이슈는 초고령화가 먼저란 얘기다.

초고령화는 메가 트렌드다. 시차에 따른 지연효과가 끝나는 순간 초저출산에 당면 이슈 자리를 내주겠지만, 최소 20~40년 한국사회를 뒤흔들 대형 주제는 초고령화다. 요컨대 특정 연령대의 타깃 고객을 공략하던 연령 마케팅은 설 땅이 없다. '10대는 이런 욕구, 60대는 저런 수요'와 같은 고정관념에 기반한 시장 질서가 훼손되기 시작했기 때문이다. 진분수(△)의 인구증가가 가분수(▽)의 인구감소로 바뀌었으니 당연한 결과다. 일례로 0~20세 대상의 육아 및 교육, 취업 관련 산업은 급속히 불황 터널에 돌

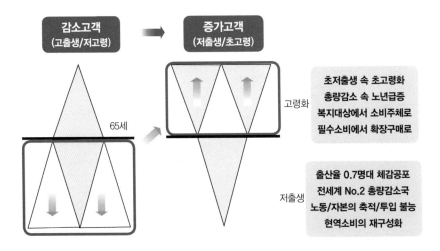

감소고객
(고출생/저고령)

증가고객
(저출생/초고령)

65세

고령화

저출생

초저출생 속 초고령화
총량감소 속 노년급증
복지대상에서 소비주체로
필수소비에서 확장구매로

출산율 0.7명대 체감공포
전세계 No.2 총량감소국
노동/자본의 축적/투입 불능
현역소비의 재구성화

고령화는 인구위기 넘어설 새로운 기회

입했다. 0.7명대의 충격적 통계는 요람부터 취업까지의 성장산업에 사양

딱지를 붙었다.

'피벗 투 시니어'가 불 지핀 새로운 시장질서

다만, 흔들릴 필요는 없다. 언제나 시장은 빠르고 기업은 영리하다. 인

구변화발 사양산업이란 애초부터 존재하지 않는다. 망조가 들었다면 인

구변화보다 혁신을 거부한 탓이다. 모든 사회적 변화와 그에 따른 시대현

상은 예외 없이 위기였고 기회였다. 승패는 외부가 아니라 기업 내부에서

갈린다. 급격한 인구변화는 시작됐고 더 거세질 전망이다. 그렇다면 수성전략보다 당당한 공격전략이 필요하다. 진폭이 클수록 기회는 비례해서 커진다.

어느 시대든 악재를 넘어서려는 개척자형 선도세력이 있다. 위기로 다가온 초고령화를 블루오션과 교환하려는 매력적인 선행실험이 적잖다. 초고령화를 향한 일련의 도전은 '피벗 투 시니어pivot to senior'로 요약된다. 시니어를 사업과 전략의 기본값인 피벗(회전축)으로 삼으라는 의미다. 인구변화에 대응하는 사업을 배치해 미래시장의 퍼스트 펭귄이 되고자 하는 기업은 많다. 전대미문의 혼돈 중에 불확실성을 하나둘 풀어내려는 기업가정신의 발로다.

'피벗 투 시니어'는 곳곳에서 확인된다. 몇몇은 실험 단계를 넘어 성공의 경험을 쌓고 있다. 물론 대다수는 여전히 눈치 게임 중이다. 저출생 · 고령화가 빨랐던 일본만 해도 경험이 축적되면서 성공사례가 확인되고 있다. 다만 2025년 초고령화율 20%를 맞이한 한국은 아직 긴가민가하는 초기 풍경이다. 상황 논리상 절대비중이 높은 고령인구에 주목하는 건 맞지만, 시점과 방법이 고민거리다. 이럴 때는 선도기업의 실험을 관망하는 게 먼저다. 그럼에도 방향 자체에 의문은 없다. 거스를 수 없는 대세이기 때문이다.

'피벗 투 시니어'에 예외인 기업은 없다. 연령 비즈니스의 고정관념이 깨진 판에 '특정연령=특정재화'라는 공식은 버리는 게 좋다. 요람에서 무덤까지 일상적인 재화 · 서비스는 물론 보통재, 사치재조차 향向시니어로의 무게이동은 대세에 가깝다. 당장은 '영유아용에서 시니어용으로'의 방향이 부각되지만, 길게는 일상 수요 모두에 '피벗 투 시니어'가 자연스러워질 것이다. 갈수록 피벗의 전환 속도와 범위는 빨라지고 넓어진다. 그렇다면 '일상재화=향시니어'는 기업의 기본전략으로 안착할 것이다. 과거 특수한 시장으로 바라보았던 시니어 마켓의 맥락으로는 새로운 시니어의 욕구를 충족할 수 없어서다.

총성 울린 시니어 시장의 혁신실험

'피벗 투 시니어'를 향한 도전사례는 증가세다. 시장분석은 물론 수요예측의 기초통계가 인구구조인데 그것이 급변했으니 모객을 위한 전략 수정은 당연지사다. 특히 영유아와 청년 수요를 사업모델로 채택했던 시장·기업의 피벗 전환이 구체적이다. 잠재고객의 절대감소야말로 위기 신호인 까닭에서다. 향시니어의 실험 행렬은 2025년 초고령화를 맞아 한층 강화, 확대될 수밖에 없다. 미래 시장의 지배 질서가 될 '피벗 투 시니어'의 다종다양한 도전사례를 분해해 공부할 필요가 있다.

피벗 전환에 가장 적극적인 것은 가장 먼저 사양산업에 돌입한 20세 이하 타깃 고객의 비즈니스다. '유아→노인'으로의 피벗 전환을 대세로 인식해 사실상 혁신실험을 선도하고 있다. 인구변화에 맞선 기업들의 세부전략은 다양하지만 몇 개의 패턴으로 묶을 수 있다. △노년시장 신규진입

△기존라인 추가제품 △기존제품 부분수정이다.

노년시장 신규진입은 기존사업과 별도로 새롭게 출사표를 던진 경우다. 자금과 조직력을 갖춘 기존 회사가 초고령화를 새로운 기회로 보고 도전한 사례다. 최근 건설·금융·제약 섹터가 이 업종인 시니어주택에 뛰어드는 게 그렇다. 일본에서도 20~30년 전 고령 수요를 향한 새로운 도전행렬이 줄을 이었다.

피벗 전환 중 가장 현실적인 것이 기존라인에 추가제품을 얹거나 기존제품의 부분수정으로 달라진 노년의 욕구를 반영하는 패턴이다. 위험은 낮고 가성비가 좋아 선호된다. 실제 부분 반영은 선진국에서 성공사례가 많다. 기존라인 추가제품은 설비투자 없이 시니어용 제품을 특화·세분화한 경우다. 아사히식품이 섭식 능력별로 세분화된 간병제품을 10가지로 확대한 것, 닛토리가 시니어 전용상품을 53개로 특화한 것이 대표적이다. 기존라인에 시니어의 특성을 녹여내 새롭게 파생·확장한 사례다.

기존제품 부분수정은 약간의 변형과 조정으로 시니어의 불편, 불안, 불만을 낮추는 전략이다. '유니버설 디자인'처럼 고령자를 배려하는 지점을 늘렸더니 현역이든 노년이든 고객 만족도가 향상되었다. 따라서 현실적이고 효과적인 카드는 라인강화와 부분수정이다.

'피벗 투 시니어'는 업종을 불문하고 무차별적으로 확산되고 있다. 소비능력을 갖춘, 전에 없던 절대 규모의 고령고객을 품으려면 기초전략은 피벗 전환일 수밖에 없다. 관련 업종은 무제한에 가깝다. 특히 내수용 재화·서비스라면 피벗 전환은 자연스러운 변화다. 초고령화에 따른 거대인구의 출현답게 가까운 미래에 무한경쟁마저 예상된다. 실제로 노년 타깃으로의 피벗 전환은 산업 간 장벽을 지켜주던 신사협정마저 깨버린다. 제조 · 서비스는 물론 유통 · 금융 등 세부영역까지 동시다발 경쟁 체제가 된다. 결국 시차와 규모만 다를 뿐 초고령화발 내수 섹터의 피벗 전환은 본격화될 것이다.

시니어 시프트, 일본의 교훈

피벗 전환의 선행사례는 많다. 저출생 · 고령화가 빨랐던 선진국은 일찌감치 거대 규모의 시니어를 주목했다. 숫자도 숫자지만, 잠재 파워가 이전의 노년인구와 다른 새로운 집단이 출현한 까닭이다. 노년인구의 소비가 의료 · 간병 등에 한정된다는 고정관념과 달리, 현역과 다름없이 벌고 쓰는 액티브한 시니어가 급증한 게 주효했다. 입맛(식음료)과 맵시(의류)를 포기하지 않으며, 놀고(장난감) 배우고(교육) 옮겨가는(주택) 베이비부머가 출현한 것이다. 모두 현역형 소비패턴이다. 심지어 모으고(금융) 불리는(투자) 위험 선호에 창업(IT) 및 온라인(EC)의 혁신무기까지 흡수한다. 마치 현역이 연장된 듯이 생애 전반의 소비 섹터와 구매 의향이 연령 단절 없이 장기적으로 지속된다.

물론 피벗 전환은 쉬운 일이 아니고 많은 시행착오를 거쳐야 한다. 인구변화와 함께 30년 복합불황의 터널로 진입했던 일본이 대표적이다. 이때의 쓰라린 경험이 노년 피벗의 성공 교훈을 안겨줬다. 30년 전 일본의 실버 시장은 낙관론으로 문을 열었다. 그 규모와 탄탄한 자산이 블루오션의 전형으로 여겨졌기 때문이다. 절대다수 기업이 태스크포스를 강화하며 시장 공략에 나섰다. 결과는 주지하듯 대실패였다. 치밀한 계산 없이 다양하고 복합적인 신노년을 대했기 때문이다. 방향 자체에도 한계가 있었다. 사회보장, 간병, 해외여행 등 한정된 분야에만 국한되며 훨씬 폭넓은 욕구 패턴을 지닌 시니어를 품지 못했다. 고민은 깊었다. 3,000만 인구라는 큰 덩치에 가계자산의 약 70%를 독점한 시니어를 향한 '시니어 시프트'가 완성된 배경이다.

'시니어 시프트Senior Shift'는 일본판 '피벗 투 시니어'의 경험치다. 실버, 시니어, 고령자로 불리는 노인인구의 눈높이에 맞추려는 기업·산업별 전환 전략을 일컫는다. 미래 주역인 고령집단에 맞춰 무게중심을 옮겨간다는 차원에서 시프트란 단어가 쓰였다. 느닷없는 신업종으로의 출사표보다 기존사업과 보유라인을 전환하는 흐름이다. 기존 BM에 친노년성을 강화해 부분 수정하거나 추가제품을 선보이는 전략이 많다.

일본판 시니어 시프트의 상징은 편의점이다. '편리'를 사들이던 청년고객에만 신경을 쓰는 것이 아니라, '불편'을 호소하는 노년고객을 챙기기 시작했다. 눈높이에 맞춘 진열 전략, 고령의 입맛에 맞춘 신선식품·점내요리, 노년 불편을 풀어주는 생활서비스를 대거 확충했다. 전담직원을 배치하거나 고령 우대에 나선 곳도 적잖다.

시니어 시프트는 이미 안착한 분위기다. 오류 시정과 전략 수정도 상시적으로 이루어진다. 철저한 노년 분석 없이는 수요를 충족하는 일이 불가능해서다. 몇몇 교훈도 있다. 가령 단순 연령보다 신체 변화에 주목하는 접근이 그것이다. 보유자산Stock보다 안정소득Flow이 시니어 고객의 소비 행태를 결정한다는 경험칙도 세워졌다. 노년 특화를 내세우기보다 현역 연장 마케팅이 먹혀든다는 교훈도 소중하다. 결국 시니어 시장은 성근 대범주로 나눌 범용 마켓이 아니라, 달라진 가치관이 체화된 다양한 미시시장의 집합체로 규정된다.

부머세대의 몸과 마음에 달린
미래 한국

시절이 불확실할수록 광범위한 미래 예측과 선행적인 대응책을 마련하려는 욕구가 강해진다. 장밋빛 낙관론과 암울한 묵시록을 두루 살피되, 취사선택해 참고자료로 활용하면 된다. 한발 앞서 기회를 잡으려면 세심한 관심과 정교한 접근은 필수다. 미래 트렌드를 찾는 데 정답은 없지만 방법은 여러 가지 있다. 그리고 미래 예측의 공통분모 중 인구변화만큼 확실한 재료는 없다. 인구의 양적 · 질적 추세를 벗어난 미래 경로란 없기 때문이다. 시스템적인 현재 분석은 앞날을 읽는 힌트다. 단편적인 사실 조각을 묶어 미래 그림을 완성하는 식이다. 거인의 어깨에서 바라볼 때 위기는 기회로 전환되는 법이다.

그렇다면 지금 주목해야 할 것은 초고령화다. 초저출생에 밀려 관심도가 조금 떨어져 있지만, 앞으로 최소한 10~20년을 지배할 강력한 인구 트렌드다. 욕구는 많은데 공급은 별로여서 틈새가 넓고, 수명 연장에 구매력까지 향상되어 매력 만점이다. 도전 과제도 많지만, 넘어서면 블루오션의 지배자가 될 수 있다. 초고령화는 반드시 품어 안고 올라타야 할 강력한 시대 화두에 가깝다. 안타깝게도 이대로라면 초고령화의 앞날은 인구통계학적인 디스토피아가 확정적이다. 지금 필요한 건 새로운 인구통계학적 성장 질서를 위한 청사진과 조립도다. 달라진 인구통계를 새로운 유토피아의 건설 재료로 써먹자는 얘기다. 초고령화를 회피할 방법은 어디에도 없다. 피할 수 없다면 즐기는 게 고수의 셈법이다.

"노인네라 놀려도 돈은 우리가!"

노인을 위한 나라는 없지만, 노인을 향한 시장은 있다. 대한민국에서 초고령화 시대의 성장 기회는 베이비부머로부터 출발한다. 1,700만 요즘어른의 선두그룹인 제1차 베이비부머(1955~63년생)가 전원 환갑을 넘어섰기 때문이다. 제2차 베이비부머(1968~74년생)의 핵심인 1970년대생이 붙으면 초고령화 시대는 한층 완벽해진다.

특히 2024년은 초고령화의 원년과 같다. 베이비부머의 상징인 '58년 개띠'가 고령 기준(65세)에 진입했다. 지하철이 공짜인 이른바 '지공거사'의 대량 출현이다. 2024년부터 '초고령화' 시장이 본격 조성되었다는 뜻이다.

천만 노인의 본격 파워는 58년 개띠의 새로운 일상과 달라진 직주락職住樂 (일, 거주, 놀이를 한 곳에서 누리는 생활)에서 힌트를 얻을 수 있다. 그들은 전에 없던 욕구로 신 트렌드를 만들고 있다.

58년 개띠만 잘 들여다봐도 우리가 아는 그 노인이 아니다. '액티브'하고 '스마트'하며 '파워풀'한 신 노년의 출현이다. 건강하고 생산적인 부머세대는 대량 은퇴에 따른 공포를 축복으로 바꿔줄 강력한 주체다. 한국보다 빨랐던 국가에서는 이미 고령직원과 노년창업이 일상적이다. 각종 연금과 요금 면제 기준으로 설정된 60, 65, 70세 등의 규정을 바꾸는 개편 작업도 속도를 내고 있다. 그렇게 하지 않고서는 사회 유지가 어려워서다. 궁극적으로는 에이지즘Ageism으로 불리는 오래된 '연령주의'를 깨자는 논의도 한창이다. 연령차별이야말로 전근대적 산물이자 비용 유발의 장본인인 까닭이다. 반대로, 에이지즘의 파괴는 지속가능을 뜻한다.

브래들리 셔먼의 『슈퍼에이지 이펙트』는 향후 본격화될 에이지즘의 재구성에 주목했다. 현재의 베이비부머(미국의 경우, 1946~64년 출생한 대규모 인구 그룹을 말한다)가 성장하는 과정에서 'Youth Market'이라는 대형시장을 만든 만큼 그들로부터 만들어질 현재와 미래도 거대 기회일 수밖에 없어서다. '틴에이저'의 주인공은 자연스럽게 '슈퍼에이지'가 된다. 충분히 가능하다고 본다. 고령인구의 자신감과 우월감도 충만하다.

청년이 "Ok, Boomer(그만 해요, 노인네야!)"라고 하면, 노년은 "Ok, Millennial(그래봤자 돈은 우리가!)"이라고 응수한다. 책에 따르면, 후속청년이 뭐라 한들 시대 중심은 부머일 수밖에 없다. 바이든에서 트럼프로 이어지는 노년 정치Silver Democracy와 의학 기술의 발전이 부머의 파워를 뒷받침한다. '황금 노후'와 '빈곤 노년'의 K자형 격차에도 불구하고, 에이지즘 관련 논의가 활발해지는 이유다.

액티브, 스마트, 파워풀! 베이비부머의 능력이란

부머세대의 본격 부각과 함께 나이 제한이나 연령차별은 완화되고 해체될 운명이다. 주요 회사들이 다양성Diversity 경영의 한 축으로 '노인을 일터로'란 슬로건을 채택한 것도 시사하는 바가 크다. 인턴십 대신 리턴십을 내세워 근로 수명을 늘리는 복지제도도 확대된다.

해외사례 중 '학조부모'란 키워드도 에이지즘의 재구축을 전제한다. 호주의 웨스트팩은행은 고령화된 창구직원의 근로 유지를 위해 손주 대상 육아휴직제를 운영한다. 고령 여성의 창구직원 중 상당수가 손주 양육을 힘들어했기 때문이다. 인재 유출을 막기 위해, 손주가 2살이 될 때까지 최장 52주까지 무급휴가를 준다. 일본은 초고령화를 아예 비즈니스화했다. 2016년 미츠비시그룹이 만든 자회사 MHIMHI Executive Experts는 전체 직원이 학조부모로 구성된, 베테랑을 채용·파견하는 사업모델을 갖고 있다. 풍부한 현장경험과 집단지성을 유지하고 전파한다는 점에서 가치는 충분하다. 1대의 장인정신과 3대의 청년혁신을 연결한 돈 버는 노청老靑 연대 모델이다.

초고령화는 완벽히 달라진 새로운 노년생활을 창조한다. 길어진 현역 인식과 왕성한 노년생활이 맞닿으며 직주락의 신 트렌드가 제안된다. 그들은 직업에 있어서도 에이지즘에 따른 강판 압력을 거부한다. 즉 정년 은퇴는 사라진다. 일할 능력과 의지만 있다면 평생 근로가 기본질서로 재편된다. 정년 폐지를 향한 제도 수정도 본격화된다.

동시에 노년 창업도 정부 지원 속에 자연스레 늘어날 걸로 보인다. 더 늦기 전에 자아실현과 소득 확대의 양수겸장을 노린 결과다. 사실 일하지 않더라도 돈은 벌 수 있다. 돈이 돈을 버는 자산소득이 그렇다. 초고령화는 올드머니의 투자·운용소득이 확대됨을 뜻한다. 유동성보다 고정 자산이 많기에 올드머니의 적극 활용은 국가 차원에서도 바람직하다. 결국 위험자산을 선호하는 추세가 강화되는 것이다. 이는 일본 노인의 외환거래 붐을 떠올리면 쉽게 이해된다. 꼭 돈벌이가 아니더라도 노년의 활동은 여러모로 긍정적이다.

업그레이드 노년의 집, 돈, 삶

주거 트렌드는 이미 다양한 실험 중이다. 초고령화가 본격화되면 가장 빨리 새로운 표준질서로 재편될 전망이다. 우선 도시집중이다. 원래 고령인구는 이동하지 않는다는 게 라이프사이클 이론의 뼈대다. 그런데 시대변화는 고령인구, 구체적으로는 농산어촌 어르신의 도시이동을 늘렸다.

의료·간병 수요에 대응하기 위해서는 도시 환경이 유리하기 때문이다. 전원주택은 전기 노년일 때 유효한 선택지로, 나이가 들면 다시 도시로 향하는 게 당연시된다. 아니면 타협형의 5도 2촌(주중은 도시에서, 주말은 전원에서 사는 생활)이 유력하다. 노년의 도시 지향은 아파트와 같은 집합주택의 편리성과 노년의 생활 한계가 일치하기 때문이다.

자녀, 친척과의 근접거주도 신 트렌드로 떠오른다. 함께 살지는 못해도 근처라면 독립생활과 연대지원 모두 가능해서다. 특히 세대 간 봉양·부양도 합가보다 근거리가 낫다.

초고령화 사회에서는 콤팩트시티처럼 한 곳에 필요한 것을 집약시킬 수밖에 없는데, 이때 '주거+상업+행정'과 함께 필수 불가결한 것이 의료·교통 등의 생활 인프라다. 주거·의료를 동시 공급하는 고령친화주택이 유력 트렌드로 언급되는 배경이다. 주거에 IT 등 신기술의 힘을 녹여낸 디지털화는 주택 설계와 매매 과정에서 핵심적인 체크리스트로 부각된다. 결국 집은 '도시로, 아파트로, 동네로, 인프라로' 더 콤팩트한 삶을 떠받치는 공간으로 재편된다.

직주락 중 락(생활)은 액티브한 삶으로 표현된다. 즐겁고 연결적인 삶은 초고령화를 재앙에서 축복으로 바꿔주는 일등공신이다. 그러려면 지역사회에 복귀신고부터 해야 한다. 일을 그만두면 생활반경은 동네 단위로 축소 재편된다. 집안에만 있을 수 없다면 공원 데뷔는 필수다. 이웃과 교류하고 동호회 등으로 접점을 확대하며 인생 2막의 신 공간을 마련하기 위함이다. 지자체와 지역사회의 관련 지원도 급증한다. 삼시세끼를 집 밖에서

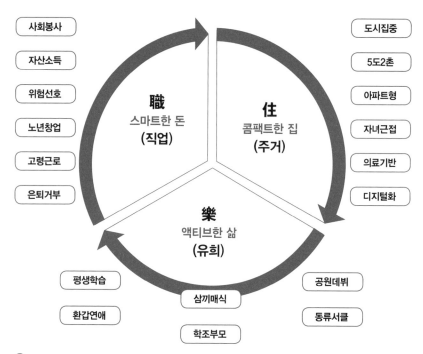

사회봉사

자산소득

위험선호

노년창업

고령근로

은퇴거부

職
스마트한 돈
(직업)

住
콤팩트한 집
(주거)

도시집중

5도2촌

아파트형

자녀근접

의료기반

디지털화

樂
액티브한 삶
(유희)

평생학습

환갑연애

삼끼매식

학조부모

공원데뷔

동류서클

초고령화의 신수요와 직주락 트렌드

해결하는 것도 중대한 미래 흐름이다. 밥을 챙겨 먹는 것조차 힘들어진다
는 점에서 주거 범위 안에서의 식사 제공은 복지영역이자 비즈니스의 기
회 확대를 뜻한다. 최근 '아파트 조식'이 뜬 것은 노년층과 1인가구의 증가
추세와 일맥상통한다.

학조부모에게 손주를 돌보는 미션이 부여된 것도 신 트렌드다. 환갑 연
애도 초고령화의 영역 확대를 뜻하는 생활 이슈다. '따로 또 같이'의 졸혼,
혼자 된 후의 황혼 인연도 늘어날 수밖에 없다. 길게는 평생학습도 초고령

화의 액티브한 삶을 떠받친다. 결국 직업은 더 스마트한 돈벌이, 주거는 더 콤팩트한 집, 생활은 더 액티브한 삶으로 정리된다. 시니어를 위한 3대 구비 조건인 직주락이 스마트, 콤팩트, 액티브로 업그레이드되며 초고령화 사회는 점차 완성도를 높여간다.

BTS가 임영웅을 못 이기는 이유

유망 비즈니스라는 확신이 서면 초고령화는 비즈니스 기회로 탈바꿈한다. 스마트하고(돈) 콤팩트하며(집) 액티브한(삶) 요즘어른의 등장에 기대감이 높은 이유다. '이제 떨어질 것밖에 없다'라는 이른바, 피크 코리아의 불황 공포에 휩싸인 정부도 두 팔을 걷고 전폭적인 지원에 나섰다. 지속성장의 부가가치를 확보해줄 든든한 구원투수인 까닭이다. 즉 잠재성장률 2%대 아래로의 추락을 저지하고 완화해줄 유력한 방책이다.

신호는 나왔다. 당사자인 노년 그룹은 확실히 변했다. 요즘 할아버지, 할머니의 변심은 현실이다. 우선 '늙음'에 맞서 최대한 버틴다. 안티에이징이 화장품 분야를 넘어 테크(기술) 영역으로 고도화되는 배경이다. 생명 연장의 승부수로 도전장을 던진 제약업계를 필두로 안티에이징은 첨단산업으로 격상된다. 역사상 가장 강력한 노인의 시대가 열릴 찰나여서다.

축적한 자산이 많아 구매력이 좋고, 가치관의 변화에 따라 자녀보다 본인 소비를 중시하는 신 노년도 늘었다. 다 쓰고 남아도 줄까 말까 신중하다. 자신의 노후 걱정이 자녀 지원보다 먼저란 얘기다. 자녀에게 전 재산을 내어주고 용돈을 받아 쓰던 선배 세대와 확연히 달라진 감각이다. 그렇다면 은퇴 이후 얼추 30~40년의 소비 기간이 남는다. 아직 고령 빈곤층이 많아 전체 노년인구에 해당하지는 않지만, 70년대생의 등장과 함께 고령 파워는 강화될 수밖에 없다. 새로운 시장이란 점에서 기업의 대응은 당연하고 바람직하다.

올드머니의 잠재력은 1,700만 요즘어른의 노년 진입이 끝나지 않은 지금도 한국사회 곳곳에서 확인된다. 가령 팬덤 문화를 보자. 요즘어른의 규모와 능력이 얼마나 파워풀한지, 잘나가는 아이돌조차 임영웅을 못 당한다는 얘기가 떠돈다. 실제 K-컬처의 상징인 BTS도 임영웅에겐 명함을 못 내민다. 음원 판매부터 인기투표까지 압도적 가수 1위는 임영웅이다. 2023년 신곡은 발매 직후 최단기 음원시장 1위 기록을 세웠다. 팬덤 경제의 힘이자 거대 중년의 소비 파워다.

BTS 팬들은 당황스럽겠지만, 인구구조를 보면 전혀 이상하지 않다. 10대(463만 명)는 50대(1,013만 명)의 절반에도 못 미친다. 음원서비스 월 이용시간도 50대(20억 분)가 10대(13~18세, 11억 분)의 2배다. 10년 전(2012년)에는 10대가 14억 분, 50대가 3억 분이었다. 완전히 역전된 셈이다. 숫자보다 더 중요한 것은 구매력인데, 10대는 50대의 발밑에도 못 미친다. 스포츠 분야는 잠재력이 더 높은 듯하다. 천하의 임영웅과 BTS를 제친 주인공이 손흥민 선수다. 손흥민은 스타 브랜드 평판 빅데이터 1위(2023년 9월)에 올랐다. 스포츠 비즈니스가 거대 중년을 주목해야 할 이유다.

Chapter
02

요즘어른,
그들은 누구인가?

초고령화 올라탈
요즘어른 개봉박두

인구 피라미드는 미래를 보여주는 전광판이다. 이것만 잘 봐도 향후 사회구조와 경제 상황을 점쳐볼 수 있다. 실제로 피라미드 유형에 따른 사회의 특징과 비즈니스 기회가 예외 없이 목격되어 왔다. 삼각 피라미드형(△)은 저개발·개도국의 일반 패턴이고, 종형·방추형(O)은 저출생·고령화의 선진국이 보여준 모습에 가깝다. 한국은 1960년대만 해도 밑이 넓은 에펠탑처럼 고출생에 따른 피라미드형을 견지했다. 강력한 활동 주체이자 소비집단인 생산가능인구(15~64세)는 연령 증가에 따라 더욱 보강되는 형태를 보인다. 이들이 피부양인구(65세)로 넘어가기 전, 40~50년 동안 파워풀한 생산가능인구의 절대 덩치 덕에 고성장을 일궈낼 수 있었다.

1990년대 들어 하후상박의 피라미드에 이상징후가 감지된다. 1983년

출산율이 인구 유지선(2.1명) 아래로 떨어지며 저출생이 본격화된 결과다. 그래도 워낙 많이 태어난 베이비부머 덕에 현역 비중은 강화 추세였다. 생산 주체인 현역 인구가 65세가 될 때까지 '정년 대란' 같은 말은 먼 훗날의 일이었다. 그럼에도 물밑에서는 성장 패턴이 변화하기 시작했다. 생산가능인구는 보강되는데 실업 공포가 부각되는, 즉 만들면 팔리던 성장 신화에 의문표가 제기되었다. 제조·수출·재벌의 삼두마차가 이끌던 고성장의 순환구조에 균열 조짐이 나타난 것이다. 그럼에도 워낙 밑단이 탄탄한 구조여서 2000년대 초중반까지 잔치는 이어졌다. 2005년 '저출산·고령사회기본법'이 만들어지면서 뒤바뀐 판을 인정할 때까지 말이다.

인류 최초의 역삼각형 인구패턴

그로부터 20여 년, 한국사회는 피라미드를 거꾸로 그리는 중이다. 초저출생의 위기 속에 기존인구의 중장년화로 중위 연령대 이상의 비중이 급증했다. 1955~74년의 1,700만 부머집단이 5070 세대로 진입한 결과다. 65세 이상 고령인구가 2024년 이미 20%를 넘겼다는 점에서 본격적인 초고령화가 시작됐다. 물론 요즘어른의 절대다수는 경제활동에 종사하면서, 생산가능인구의 상한선을 강하게 압박하는 중이다. 정년 연장이든 노년 근로든, 요즘어른은 정년 문제에 존재감을 발휘할 전망이다. 예전 어른과 구분된다는 점에서 '요즘어른'이란 차별적 정의가 동원되었다. 제도와 현실의 미스 매칭에 순응하지 않는, 다양한 인생 경험과 새로운 가치 추구에 익숙한 중노년의 대거 등장이 사회질서를 수정, 재편하고 있다.

따라서 베이비부머를 단순한 양적 지표가 아니라 질적 변화란 관점에서 접근해야 한다. 예전의 50대, 60대를 바라보던 사고체계를 폐기하고, 완전히 다른 그들의 생각과 행동에 주목한다면 시대 난제를 돌파하는 에너지로 활용할 수 있다. 그날은 머잖았다. 이미 초고령화에 진입했듯 조만간 요즘어른의 중년 완성과 노년 진입이 완료된다. 공고했던 '환갑=노인'의 이미지가 수정되면서, 65세 이상의 생산과 소비 패턴을 적극적으로 활용하자는 공감대가 갖춰졌다. 한국은 그간 인류 세계에 존재하지 않았던 역삼각형(▽) 인구 패턴을 가진 최초의 국가가 될 전망이다.

◉ 인구 피라미드로 본 생산/소비의 규모변화

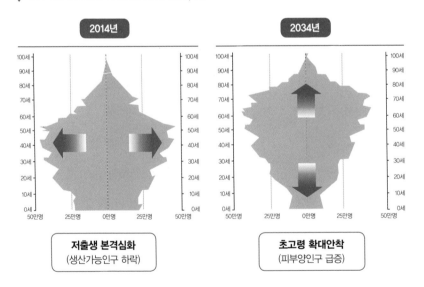

요즘어른의 전성기 개막은 코앞이다. 빠르면 5~10년, 늦어도 20~30년 후에 새로운 부머 경제학을 써야 할 것이다. 요즘어른 없는 미래 한국은 디스토피아에 가까울 것이다. 얼추 봐도 거대한 덩치를 자랑하며, 갈수록 늘어나는 거의 유일한 인구집단이다. 생산가능인구와 유소년인구의 축소세와 견줘보면 한국사회가 왜 이들을 '부담'이 아닌 '활용'의 주체로 전환해야 할지가 명확해진다. 의지와 능력을 갖춘 그들이 계속 생산·소비 주체로 활약할 때 사회 전체의 비용 절감과 효용 강화가 이루어진다. 그들이 중장년일 때 발빠른 구조 전환을 해야 할 이유다.

5070세대 1,700만 요즘어른

어떤 기준으로든 사람을 분류하는 일은 어렵다. 그래서 코호트라는 개념이 등장했다. 코호트cohort란 특정한 시기에 비슷한 경험을 지닌, 즉 동류화된 연령집단을 말하는데 이 개념으로 인구를 나누자는 것이다. 독특한 경험 공유, 비슷한 성향, 함께 늙어가는 경향성을 특징으로 하는 특정 연령대는 통상 '○○세대'라고 불린다. 물론 이런 분류도 한계가 있다. 미처 담아내지 못하는 개별성과 미시성, 다양성 때문이다.

아마도 코호트식 구분에 가장 반발할 계층이 베이비부머일지도 모르겠다. 그들은 싸잡아 뭉뚱그려진 하나로 보려는 시선에 거부감을 느낀다. 자신들을 다양하고 미세한 집단, 느슨한 동류 잣대로 대할 것을 요구한다.

그게 아니라면 차라리 기존의 구분을 이탈하려 한다. 이래서는 득보다 실이 많다. 피할 수 없는 거대 집단인 데다 미래 한국을 결정할 집단이면 걸맞은 접근이 필수다. 특히 정책이나 기업의 수요 예측을 위한 근거로 사용하려면 베이비부머의 정밀한 분해는 필수 불가결하다. 연도별, 지역별 세포 단위까지 하기 어렵다면 최소한 중간 범주로 구분하는 것이 권유된다.

한국의 베이비부머는 통상 1차와 2차로 구분된다. 1차는 1955~63년생, 2차는 1968~74년생이다. 단일 세대 중 최대 규모 인구집단인 베이비부머는 태어날 때부터 이름보다 숫자로 불려 왔다. 60~80명의 콩나물 교실에 오전반, 오후반에 속해 학령기를 보냈기에 일찌감치 '튀는 집단 속 묻힌 개인'에 익숙하다. 기성사회가 정한 평균적인 삶과 모범적인 기준을 묵묵히 따랐다.

숫자는 제도를 바꾼다. 1차 부머의 중간인 58년 개띠부터 '뺑뺑이(추첨제, 이전에는 고교 입시를 치러야 했다)'를 통해 고등학생이 되었다. 부머세대의 맨 앞인 55년생 양띠가 대학에 갈 때는 예비고사에 본고사까지 치렀지만, 2차 부머집단은 모두 학력고사를 치렀다. 베이비부머의 거대 규모와 대입제도의 혼란은 직결되어 있다. 386세대를 필두로 해서 뒤로 갈수록, 넓고 성근 세대 구분에 대한 저항감도 커진다. 부머를 하나로 봐서는 구분도 이해도 어렵다. 거대 규모의 부머집단은 연도별 출생아수의 정점 구간에 해당한다. 사실 여기에 약간의 오해가 있다. 모두가 베이비부머 세대라고 알고 있는 1955~63년생이 최대 출생 구간이 아니라는 점이다. 그들은 9년간 700만 명으로 선배보다는 많지만, 후배그룹과 비교하면 살짝 뒤진다. 2

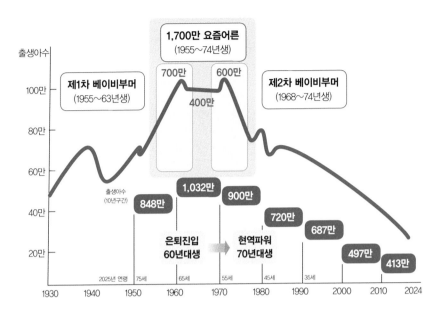

📍 **연도별 출생아수 및 부머집단 규모비교**

차 베이비부머로 알려진 1968~74년생(7년간 600만 명)이 1차 베이비부머보다 더 많다. 중간에 낀 1964~67년(4년간 400만 명)도 뒤지지 않는다.

대량 출생이란 관점에서 한국의 베이비부머는 굳이 1차, 2차로 나눌 게 없다는 얘기다. 1955~74년의 20년 구간에 포진한 총 1,700만 명의 인구로 보는 게 타당하다. 출생아수 그래프를 놓고 봐도 20년 클라이맥스 구간이 사이좋게 쌍봉을 이룬 모습이다. 이전과 이후는 확연히 떨어진다. 특히 후속세대는 급감한다. 1960~70년생은 1,032만 명인 데 비해, 2010~24년생은 다 합해도 413만 명이다. 2025년 기준 약 50~70세의 부머집단에 주목해야 할 강력한 이유 중 하나다.

한국형 1,700만
베이비부머 분석보고서

부머집단을 1955~74년생으로 재구성해 이해하는 것은 여러모로 타당하다. 베이비부머는 연간 100만 명 전후 출생한 거대 인구집단이다. 그중에서도 1970~71년생은 연간 100만 명을 넘긴 파워 집단이다(통계청 인구주택총조사 결과로, 가장 정확하고 공신력을 갖춘 통계로 판단된다). 그러나 20년은 한 집단을 정의하기엔 꽤 긴 시간이다. 격동기를 직간접적으로 겪은 세대를 숫자가 많다는 이유만으로 동일 코호트로 획일화하는 건 무리수다. 특히 이들이 발휘할 포괄적인 영향력과 잠재력을 감안하면, 최대한 세분화해 각각의 특성과 욕구를 최소 단위로 구분하는 것이 바람직하다. 거대집단이지만 미시그룹의 총합으로 보자는 얘기다.

결국 미래 한국을 쥐락펴락할 한국형 베이비부머는 1955~74년에 걸친

20년간 1,700만 명을 대상으로 보는 게 옳다. 참고로 1970년 이전의 통계는 행정기관의 추정 숫자와 신고 내용이어서 연간 100만 명 넘게 집계된 해도 있지만(이를테면 1960년대 초·중반), 인구동향조사(통계청)보다 정확성이 떨어지므로 1970년 이후의 인구통계를 더 신뢰할 필요가 있다.

즉 부머세대는 연간 출생아수 80만 명대를 넘어선 1954년부터, 마지막으로 80만 명 선을 유지한 1982년생까지 해당된다. 따라서 한국형 베이비부머는 협의로는 1955~74년생, 광의로는 1954~82년생으로 봐야 한다. 광의로 본다면 2,800만 명까지 확대되는데, 이들을 준 부머세대라 불러도 좋다. 출생아수 그래프에서 앞뒤와 구분되는 산봉우리를 형성하고 있다.

은퇴부머, 중년부머, 신입부머

준 부머세대를 현재 시점에 소환해 연령대별로 세분하면 3개 단위로 구분된다. △은퇴부머(1958년생±5세) △중년부머(1968년생±5세) △신입부머(1977년생±5세)다. 앞뒤는 80만 명 선에 걸치는 과도기이고, 중간인 중년부머는 80만 명을 넘기는 인구학적 출생 정점이다.

첫째 그룹인 은퇴부머는 산업화 세대와 우리가 알고 있는 그 베이비부머를 아우른다. 고도성장기에 발맞춰 산업화를 몸소 경험한 탈빈곤의 상징이다. 한국사회에 인플레이션형 질서를 제안하고 안착시킨 당사자로 지금은 전통적인 은퇴 연령에의 진입을 끝냈거나 곧 마무리할 세대다. 2024년

말에 초고령사회(65세 이상 인구가 20% 이상)를 완성한 주력 그룹이다. 58년
생 개띠의 65세 진입으로 연금개혁과 정년연장 등 사회적 화두가 구체화
되었다.

둘째 그룹인 중년부머는 1960년대 태어나 1980년대를 구가한 386세대
이자 X세대의 선배그룹이다. 이때는 주민등록 기준으로 연간 100만 명 출
생을 기록한, 사실상 한국형 베이비부머의 허리 구간에 해당한다. 1968년
생±5세로 앞 그룹은 환갑을 넘겼지만, 대부분은 50대 현역으로 생산가능
인구에 속한다. 사회 진입 후, 경제적 고성장과 정치적 민주화를 경험한
중년세대로 소득증대, 자산축적의 수혜 속에 비교적 부유한 현역 시절을
보냈다. 공고했던 성장 지향의 사회질서에 의문을 던지며 스스로 개혁의
주체임을 자부하는 개방적이고 적극적인 가치관도 지녔다. 일부는 '개도국
→선진국'으로의 질서 전환이 시작된 90년대 대학 시절을 보냈다.

지금은 대개 환갑을 앞두고 부모 세대의 간병과 자녀 세대의 양육이 겹
친, 이른바 '마처 세대'를 경험 중이다. '마처'란 부모를 모시는 것은 마지
막, 자녀로부터 부양받지 못하는 것은 처음 세대라는 뜻이다. 고성장 덕분
에 자신의 부모와 자녀보다 부자일 확률이 높은 거의 유일한 그룹이기도
하다.

셋째 그룹은 1977년생±5세인 신입부머로 한국형 베이비부머의 문을
닫았다. 1973~82년생은 4050세대의 핵심 구간을 차지하는 가장 액티브
한 코호트다. X세대의 절대다수와 밀레니얼 세대의 일부를 아우른다. 이
들이 추종하는 인생 의제는 다양화로 귀결된다. 은퇴부머의 '산업화', 중년

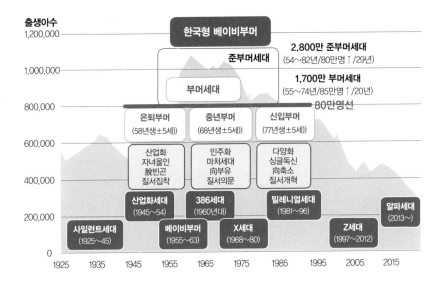

◎ **한국형 베이비부머의 분해와 세대 구분**

부머의 '민주화'를 잇는 신입부머의 '다양화'가 향후 한국사회의 키워드로 자리매김할 전망이다. 신입부머 이후 세대는 다양화에서 파생된 주제를 채택할 확률이 높다. 신입부머는 빈곤 탈피와 부의 추구라는 과거의 담론에서 비켜서며 축소사회에서 생존하기 위한 질서 개혁과 전략 수정에 적극적이다.

 결혼과 출산을 통한 가족 분화에 있어서도 중년의 X세대는 과거와 다른 실험을 하고 있다. 2020년 기준, 40대인데 결혼 경험이 없는 남녀가 각각 24%, 12%란 통계가 이를 방증한다(한국의 사회동향, 2024). 이로써 '중년=가족'이란 고정관념은 깨진다. 가족 없이 혼자 늙어가는 다수의 중년은 기존의 가족중심, 정부보조형 복지체계를 심각하게 위협한다.

베이비부머별 라이프 스토리

열 길 물속은 알아도 한 길 사람 속은 모른다고 했다. 사람 마음을 읽기란 그만큼 힘들다. 명확한 기준과 범주로 구분한 동류 집단이라도 뜯어 보면 다 다른 게 일반적이다. 거대한 인구집단인 베이비부머도 그렇다. 제대로 활용하자면 추가적인 정밀 분석은 불가피하다.

그렇다면 정밀 분석의 타깃과 방법은 어떻게 설정해야 할까? 확실한 정답은 없지만, 유효한 가이드라인은 있다. 그들의 족적과 축적된 사례를 통해 내적 취향과 외적으로 발현되는 욕구를 추출할 수 있다. 그래야만 한국형 베이비부머를 구성하는 은퇴부머, 중년부머, 신입부머의 차별적인 과거가 확인되고 미래가 추정된다. 2,800만 광의의 베이비부머를 3개 집단으로 나누는 명분과 논리는 개별 단위의 비즈니스에 활용될 수 있다.

먼저 산업화를 이끈 선배그룹인 은퇴부머는 연령이 높을수록 강력한 성공 경험과 허술한 노후준비로 요약된다. 개도국형 성장을 체화한 세대로 여전히 인플레이션형 마인드가 공고하다. 1960~70년대 청년기를 보내며 '더 빨리, 더 많이, 더 높게'를 몸소 경험했다. 학창시절 2부제 수업으로 인구폭발을 체감했고, 노동집약의 산업전선에서 고성장을 주도했다. 70% 이상이 고졸 이하이지만, 집단 상경 이후 서울에 내 집 마련의 꿈도 이뤘다. 요컨대 토지 신화의 주인공이다. 개천에서 용이 나는 시대답게 일부는 계층 이동의 성공 신화도 완성했다. 그 모두가 늘어나는 인구의 힘이었다. 중장년기에는 외환위기와 금융위기를 겪으며 양극화도 유도했다. 명예퇴직, 닭집 창업이란 트렌드의 등장에서 보듯, 그들의 미래 행로는 적잖이 불안하다. 액티브한 은퇴부머가 증가세이지만, 아직은 부족한 노후 대비가 골칫거리다. '영자의 전성시대'로 대표되는 1950년대생의 미래는 '먹구름 속 기회 찾기'로 요약된다.

한편 민주화 세대인 중년부머는 넓혀진 신작로를 개척하며 오늘에 이르렀다. 1960년대생은 1950년대생과 1970년대생의 중간답게 위아래의 공통 경험 속에서 차별 지점을 확보했다. 마처 세대로서 부모봉양과 자녀부양의 이중 역할이 부여됐지만, 역으로 선후배를 연결하는 중립적 제도 수정의 적임자를 자처했다. 인구증가와 고성장의 명제를 의심하며, 세대 부조의 한계와 노후 준비의 빈틈을 연결하는 실험적인 전략 개편을 시작한 것이다. 고학생, 운동권 학생을 거치며 디플레이션형 상황 변화에 응전하는 적극성도 갖췄다. 가족 분화와 함께 신도시 생활모델에 올라탔고, 중장년 이후에는 그 일부가 강남좌파의 주인공이 됐다. '고교 얄개'처럼 고성장의 수혜를 일찌감치 경험한 덕분에, 노후 대비용 자산운용에도 적극적이다.

다양화로 대표되는 70년대생 신입부머는 앞선 부머집단과 다른 새로운 인생경로를 걸어왔다. 절대다수가 현역 생활자로서, 세대 부조가 유지되기 어려움을 체감하고 본인 주도형 노년 생활을 추구한다. 인구감소의 대응을 개인 차원으로 끌어내린 최초의 세대다. 중년부머가 긴가민가했다면, 신입부머는 확신하며 달라진 미래 좌표를 흡수한 셈이다. 한국의 체제전환이 본격화된 90년대의 한 축이 된 것도 20대의 신입부머였다. 요컨대 '건축학개론'의 연애 기억이 신입부머의 미래 행보에 영향을 끼친 것이다.

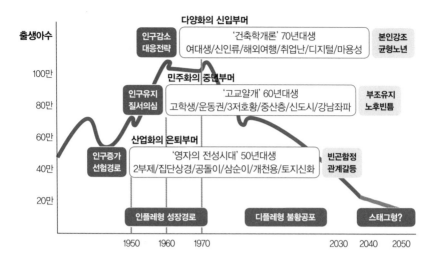

출생아수

다양화의 신입부머

| 인구감소 대응전략 | '건축학개론' 70년대생 여대생/신인류/해외여행/취업난/디지털/마용성 | 본인강조 균형노년 |

민주화의 중년부머

| 인구유지 질서의심 | '고교얄개' 60년대생 고학생/운동권/3저호황/중산층/신도시/강남좌파 | 부조유지 노후빈틈 |

산업화의 은퇴부머

| 인구증가 선험경로 | '영자의 전성시대' 50년대생 2부제/집단상경/공돌이/삼순이/개천용/토지신화 | 빈곤함정 관계갈등 |

100만
80만
60만
40만
20만

| 인플레형 성장경로 | 디플레형 불황공포 | 스태그형? |

1950 1960 1970   2030 2040 2050

⊙ 베이비부머별 상징경험과 미래좌표

대학진학률이 70%에 달하는 신인류답게 해외여행은 일상이고 문화적 감수성을 갖췄으며 달라진 인생 목표에도 개방적이다. 고성장의 기억은 그다지 없다. 오히려 취업난 속 새로운 성장 모형으로 등장한 인터넷과 디지털에 익숙하다. 뒤차를 탔다는 푸념이 있지만, 강남불패와 마용성의 토지신화가 안겨준 버블도 맛본 세대다.

58년생, 70년생, 82년생 개띠 3인방

또 하나의 미시적 분해로서, 한국형 베이비부머에 포함되는 이른바 '개띠 3인방'의 스토리를 통해 미래 전략을 가늠해 보는 것도 유의미하다. 1958년부터 1982년까지, 도합 24년의 시차를 보이지만, 거시적 변화에 따른 개별 스토리가 독특해 어느 정도 미래 행보가 추정된다.

58년생 개띠는 '후진국의 역동성과 남성화'로 정리된다. 고성장기의 인플레이션형 행동 패턴을 유지하며 연령차별, 기업복지, 인구폭발의 질서에 익숙한 세대다. 제조·수출을 주도한 건 남성 중심의 중후장대형 근육산업이었다. 40대 중반까지 5~15%대의 압축 성장을 맛봤지만, 이후 급변한 시대변화를 겪으며 노년에 접어들었다. 그들이 맞이한 2~5%대의 축소경제는 노년 근로, 유병 노후, 다사多死 사회란 낯선 키워드를 투하하는 악재일 수밖에 없다. 축소는커녕 다양화도 대응하기 어려운 세대이기 때문이다.

중간에 낀 70년생 개띠는 가장 주목해야 할 중년부머의 대표집단이다. 위아래를 다 품는 완충그룹답게 이들의 완전분해야말로 한국형 베이비부머를 이해하는 초석이다. 70년생 개띠는 '개도국의 도약성과 중성화'로 이해된다. 역동성은 줄었지만 어느 정도 도약성은 유지하며 디플레이션형 전략 수정에 돌입했다. 두 자릿수 성장률은 사라졌고, 이대로라면 수명연장, 가족복지, 인구감소라는 미래 압박에 노출될 전망이다. 핵가족화와 치맛바람이 고학력화(대학진학률 60%대)를 실현했지만, 취업난은 이들의 가족 분화를 지체시켰다. 더불어 집값 급등을 목격하면서 한편에서는 안도를 느끼고, 다른 한편에서는 한숨을 지었다. 곧 맞이할 환갑 인생은 정년연장과 복지축소가 적용될 경우, 선배그룹과는 상당히 다른 미래 경로에

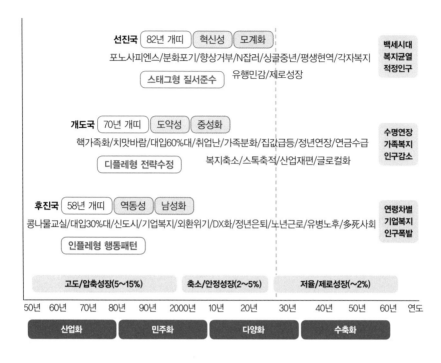

선진국 [82년 개띠] [혁신성] [모계화]　　　　　　　　　　백세시대
포노사피엔스/분화포기/향상거부/N잡러/싱글중년/평생현역/각자복지　복지균열
　　　　　　[스태그형 질서준수] 유행민감/제로성장　　　　　적정인구

개도국 [70년 개띠] [도약성] [중성화]　　　　　　　　　　수명연장
핵가족화/치맛바람/대입60%대/취업난/가족분화/집값급등/정년연장/연금수급　가족복지
　　　　　　[디플레형 전략수정]　복지축소/스톡축적/산업재편/글로컬화　인구감소

후진국 [58년 개띠] [역동성] [남성화]　　　　　　　　　　연령차별
콩나물교실/대입30%대/신도시/기업복지/외환위기/DX화/정년은퇴/노년근로/유병노후/多死사회　기업복지
　　　　　　[인플레형 행동패턴]　　　　　　　　　　　　인구폭발

고도/압축성장(5~15%)	축소/안정성장(2~5%)	저율/제로성장(~2%)

50년　60년　70년　80년　90년　2000년　10년　20년　30년　40년　50년　60년　연도

산업화	민주화	다양화	수축화

📍 **개띠 3인의 베이비부머로 본 경험과 지향, 그리고 미래**

진입할 가능성이 있다. 평생근로라는 새로운 질서를 피할 수 없기 때문이다. 선배 세대보다 자산 축적이 탄탄한 가운데, AI 등 신산업의 재편 흐름에 올라탈 경우 70년생 개띠의 글로컬 노하우는 강력한 무기로 작용할 전망이다. 디플레이션형 전략 수정으로 목표 수준을 이미 낮췄기에, 다양화에 이은 축소화의 신조류도 커버할 수 있음이다.

82년생 개띠는 미완성의 막내 집단이다. 아직 40대 초반인 데다 한국형 베이비부머의 후미그룹이라 현재진행형 인생에 가깝다. 이들의 거시 전략은 '스태그플레이션형 질서 준수'로 요약된다. 벤치마킹으로 패스트 팔로어Fast Follower의 성공 신화를 써온 58년과 70년 개띠와는 환경 자체가 완벽히 달라졌다. 나 홀로 맨 앞에 선 퍼스트 펭귄처럼 혁신적인 돌파 능력 없이는 아무것도 챙길 게 없다. 그들은 성장모델의 전환을 주도할 임무를 부여받았다. 이들의 미래 환경은 2%대 이하의 저성장으로 압축된다. 와중에 인구감소, 복지 균열이라는 미래가 그들의 앞날을 괴롭힌다. 스마트폰을 신체의 일부로 여기는 포노사피엔스의 혁신 파워가 기대되는 한편, 싱글 중년, 평생 현역, 각자 복지 등의 새로운 키워드가 확산될 전망이다.

요즘어른의 고민에서
찾아낸 미래 화두

부머집단은 최후, 최초란 수식어를 독과점한 인구그룹이다. 그들의 부모와 자녀 세대였다면 그럭저럭 넘어갈 일도 부머집단에 이르러서는 그 규모와 영향력으로 인해 대대적 제도 변화를 유발한다. 표심과 숫자에 민감한 정치권이 부머의 속내를 몰라 우왕좌왕하는 것도 그 때문이다. 그렇다면 향후 한국사회의 행로는 부머집단의 새로운 인생 경험과 이를 돌파하기 위한 전략 수정에 의해 결정될 확률이 높다.

부머세대의 고민은 크게 6가지 화두로 나뉜다. △가족을 어떻게 돌볼 것인가(부모 vs. 자녀) △나는 어떻게 살 것인가(가족 vs. 싱글) △일은 어떻게 할 것인가(근로 vs. 은퇴) △무엇으로 돈을 벌 것인가(제조 vs. 혁신) △자산운용은 어떻게 할 것인가(투자 vs. 기술) △어디에서 살 것인가(도시 vs. 로컬) 등이

다. 이상은 모든 사람에게 해당되는 일상적인 선택지이지만, 부머집단의
파급력으로 인해 뜨거운 사회문제로 비화할 전망이다.

　이런 점에서 부머세대의 경험을 분해하는 것은 다양한 변화와 그 파장
을 읽는 중요한 도구다. 첫 경험이든 마지막 경험이든 어차피 전략 수정을
뜻하기 때문이다. 영리한 부머세대라면 최초, 최후의 시점에 맞춰 자신의
한정된 자원을 효과적으로 배분할 것이다. 부머세대 중에서도 요즘어른의
조건에 맞는 이들을 좀 더 자세히 들여다봐야 할 이유다.

불편·불안·불만의 사업화

　부머세대는 부모봉양과 자녀부양을 모두 떠맡은 최후세대, 자녀에게 봉
양받지 못하는 최초세대가 될 전망이다. 아울러 배우자에게 의지하는 최
후세대이기도 하다. 황혼이혼이 많다고는 하지만, 그래도 옛정을 내세워
가족을 유지하려고 하는 마지막 세대란 뜻이다.

　또한 그들은 성장형 사회의 마지막 수혜자이기도 하다. 유연성이 커지
고 있다고는 하지만, 부머집단은 종신고용, 연공서열의 기업복지를 누려
온 세대다. 투입 대비 산출이 늘 플러스였던 성장 신화도 은퇴 이후 전직
이나 창업의 기회를 제공한다. 손해 보지 않는 안전 마진이 부머집단의 재
테크 원칙이지만, 곧 위험자산 투자로 전환할 최초세대가 될 전망이다. 어
디에서 살지는 전적으로 집값의 향방에 따를 것이다. 부동산은 오르는 것

이 당연하다고 여기는 최후세대다운 결정법이다.

그렇다면 부머집단이 경험할 최초의 이벤트에는 어떤 것들이 있을까? 최초의 경험이란 최후 경험의 유지불능을 대체·보완하는 과정에서 출현한다. 우선 눈에 띄는 것이 '싱글 노년'이다. 부모와 자녀 세대를 모두 챙겼지만, 정작 본인은 싱글로 전락할 최초세대다. 이혼, 사별로 인한 싱글이 아닌 평생 비혼을 유지하는 솔로 노년의 등장이다. 가족복지가 존재하지

◉ 취후/최초 지표로 읽는 베이비부머의 속내와 화두

최후의 경험		부머고민	최초의 경험	
마처세대	부부의존	부모vs.자녀 가족vs.싱글 근로vs.은퇴 제조vs.혁신 투자vs.기술 도시vs.로컬	솔로노년	평생현역
기업복지	성장신화		무병노후	만액연금
안전마진	집값향방		디지털화	로컬귀환

부머 본인
금전: 확대된 근로소득, 탄탄한 자산소득, 부모의 상속자산
관계: 버텨낸 가족주의, 최후의 자녀우선, 관계의 재구성화
건강: 길어진 평균수명, 늘어난 무병노후, 사전적 노환예방

부머 자녀
금전: 줄어든 근로소득, 빈약한 자산소득, 상속적 불로소득
관계: 강화된 개인주의, 멈춰선 가족분화, 압도적 싱글주도
미래: 사라진 교환가치, 약화된 향상의지, 눈앞의 현실만족

않는 미혼의 초고령화는 중대한 사회문제일 수밖에 없다. 이때 믿음직한 안전장치는 평생 근로를 통한 소득 확보다. 가능한 한 오래 현역에 머무르는 것이 부머집단의 최초 질서가 될 확률이 높다.

여기에 더해 '무병노후'를 지향하는 최초의 세대가 될 전망이다. 기술 혁신을 동반한 관련 시장은 폭발적인 성장세가 예상된다. 꽉 채워 받는 만액_{滿額} 연금이 부유한 노후생활이란 최초의 경험을 떠받칠 것이다. 인구 규모가 커도 자산이 없었던 선배그룹과는 딴판이다. 현역생활의 연장을 위한 자산운용에 있어서도 전통적인 안전 마진에서 탈피할 것이다. 그들은 디지털화에 힘입은 신기술형 운용전략을 최초로 채택하는 부머그룹이 될 것이다. 만약 토지 신화가 약화된다면, 부머집단의 로컬 귀환이라는 새로운 노년 모델도 예상된다. 어차피 모든 정책과 변화는 도농격차를 해소하는 로컬 강화일 수밖에 없기 때문이다.

사업모델의 씨앗, 부머의 라이프스타일

최후와 최초의 경험을 연결하는 부머집단의 미래는 다양한 사업모델의 씨앗을 뿌릴 것이다. 금전 이슈로는 근로소득의 확대, 자산소득의 강화, 상속자산의 활용 등을 들 수 있다. 안전 마진이 보장되던 인플레이션형 투자 환경을 경험한 최후세대는 평생현역, 위험자산 투자, 상속전략 등의 혁신을 흡수하는 최초세대로 대체될 전망이다. 부머세대는 가족과 자녀를 중시하지만 본인도 우선순위에 넣는 최초의 세대다. 길어진 수명, 무병 노후의 바람, 노환 대응 등의 건강 이슈는 부머그룹의 우선적 욕구 지점이자 지출 항목이다. 바꿔 말하면 미래의 비즈니스 지점이다.

정리하면, 거대집단 베이비부머의 라이프스타일은 3가지 핵심 영역, 즉 직職 · 주住 · 락樂으로 정리된다. 부머집단의 과거와 미래를 나누는 시대 현상은 인구감소, 저성장, 미래불안 등으로 나눠진다. 초고령화 속에서 가장 먼저 바뀔 것은 '직職'일 것이다. 대형 덩치를 자랑하는 부머집단을 방치할 경우, 도미노형 실업 충격이 예상되기 때문이다.

광의든(2,800만 명, 1954~82년생) 협의든(1,700만 명, 1955~74년생) 부머집단이 65세에 피부양인구로 넘어가면 한국사회는 유지불능에 빠질 수밖에 없다. 충격을 최소화하고 실효성을 최대화할 공통분모를 부머집단의 직업 패턴으로 안착시켜야 한다. 현재로선 유연 고용을 통한 '평생직업', 학력 파괴를 통한 '능력중심', 서비스직의 '고령취업' 등이 유력한 대안이다. 부머집단이 상당 기간 생산가능인구로 남아 있어야 한다는 건 피할 수 없는 시대 과제다.

다음은 주住의 문제다. 삶과 집은 불가분의 관계를 갖는다. '산다는 것'은 주거(Live)와 자산(Buy)의 복합적 의미를 갖는 중차대한 생활 화두다. '어디에 사느냐'가 '어떻게 살았냐'를 뜻한다는 광고 문구가 있을 정도다. 하지만 앞으로는 다르다. 부머집단은 시대변화에 적응하며 달라진 집을 재구성할 최초세대가 될 것이다. 수도권 집중과 전통적인 가족 분화의 흐름이 꺾인다면 부머집단의 선택에도 큰 영향을 미칠 것이다.

	과거		미래

職	종신고용 + 평생직장 제조파워 + 기업복지 생산인구 + 임금차별	성장하락 재정악화 인구감소	유연고용 + 평생직업 학력약화 + 능력중심 고령취업 + 서비스직
住	인구증가 + 집합주택 신도시화 + 직주분리 토지신화 + 소유상속	수명연장 가족분해	가족포기 + 탈아파트 중심회귀 + 콤팩트화 세대공존 + 사용가치
樂	취미실종 + 가족소비 내수한계 + 脫서비스 중류사회 + 기초유희	생존위험 미래불안	덕업일치 + 다양인생 복고열기 + 성장산업 노마드형 + 차별소비

베이비부머의 라이프스타일 변화 흐름

큰 덩치와 넉넉한 자산 덕에, 부머세대의 달라진 주거 선택은 새로운 비즈니스 기회가 될 것이다. 즉 인구증가의 상징인 집합주택은 가족 분화 포기로 인해 효용이 떨어지고, 신도시형 직주분리는 인구감소와 함께 중심회귀의 콤팩트화로 진용을 바꿀 것이다. 토지 신화의 소유가치는 세대가 함께 누리는 사용가치로 전환되며 집을 둘러싼 고정관념은 빠르게 변화할 전망이다.

부머집단의 영향력은 즐거움樂이라는 측면에서도 강력하다. 현역은 직업과 주거를 우선시하는 반면 돈과 시간, 건강을 모두 갖춘 부머집단은 직업과 주거 이외의 삶에 가중치를 준다. 날것의 향기를 풍기며 한국사회의 주류에 도전장을 던진 90년대 X세대의 가치관은 즐거움의 영역에서 진가를 발휘한다. 부머집단은 다양한 인생의 즐거움을 지향하며, 가족 소비에만 올인하던 선배 세대와 구분되길 원한다. 이들의 락樂을 비즈니스로 전환하면 내수 한계를 복고 열기의 성장산업으로 고도화할 수 있다. 부머집단의 후반 인생을 생생한 소비 주체로 전환하자는 취지다. 그렇게 되면 제한적인 기초 유희에 머물던 욕구를 확장형 차별소비로 연결할 수 있다. 부머집단은 저성장이 불가피한 미래 시장에서 유력한 소비인구가 될 수 있음이다.

70년대생
X세대의 파워

좋든 싫든, 한국은 인류문명의 지속가능성이란 과제를 부여받은 퍼스트 펭귄이 됐다. 이대로면 수천 년간 지속된 인구증가형 사회 진화는 멈춰 설 전망이다. 전쟁, 기근, 질병이란 조정 기제가 없는데도 출생이 줄어드는 기현상은 전 세계가 공통적이다. 실제로 아프리카를 빼면 출생으로 인구가 늘어난 지역은 거의 없다.

초저출생은 시간이 갈수록 글로벌 공통 화두로 등장하고 있다. 폭발적인 인구증가에 기여하던 개도국들이 이제는 저출생을 걱정하고 있다. 저출생·고령화 시대에 일찌감치 진입한 선진국은 말할 것도 없다. 속도는 늦춰도 반전은 어렵다는 게 중론이다. 그들이 0.7명대의 유일무이한 출산율을 기록한 한국을 예의주시하는 이유다. 트럼프 2.0 시대를 열어젖힌,

세계에서 가장 바쁘기로 유명한 일론 머스크조차 한국의 인구문제에 참견하는 이유는 무엇일까? 아마도 우리 모두의 미래일 수 있다는 절실함의 발로일 것이다.

한국형 '빨리빨리'의 역동성은 늘 서구사회의 분석 대상이었지만, 인구문제만큼 경악의 대상은 없었다. 선진국은 자신들의 낮은 출생율에서도 다시 반토막이 난 한국의 재앙적 상황을 지켜보며 아연실색하고 있다. 그들의 반응은 "도대체 왜?"로 요약된다. 저출생에 익숙해진 한국보다 외신의 특집 보도가 더 많은 이유다.

눈떠보니 퍼스트 펭귄

그렇다면 퍼스트 펭귄, 한국의 미래 열쇠는 어디서 찾을 수 있을까? 수많은 대안이 언급되고 있지만 뾰족한 수는 없다. 너무 내달리다 보니, 인류 최초라는 경로까지 깊이 내딛어 버린 탓이다. 우왕좌왕하느라 시간도 체력도 소진했다. 마지막을 향해 급격히 고갈되는 모양새다. 필요한 건 불씨를 되살려 엔진을 가동할 핵심 주체의 등판과 활용이다.

핵심 주체의 후보는 많지만 얼추 요약되는 그룹이 있다. 구조개혁의 혁신실험에 익숙하고 자신들의 현재 및 미래 이익에 부합하며, 무엇보다 질서 전환용 의사결정을 해온 경험과 의지, 능력을 두루 갖춘 집단이다. 바로 70년대생 X세대다. 현재 나이 45~55세로 중장년 취급을 받지만, 한때 저항과 변화의 아이콘이던 인구그룹이다. 좀 과장하면, 중장년 X세대의 생각과 행동에 한국사회의 미래가 달렸다.

이들의 숫자와 면면은 확실히 관찰 대상이다. 색다른 경로를 살아와서 그런지 선배와는 다른 늙음을 지향하며, 과거의 고정관념을 격파하며 오늘에 이르렀다. 넓고 큰 시대변화에 노출된 당사자로서, 질서 전환을 시도할 유력한 실행자로 꼽힌다. X세대를 만든 90년대의 경험은 향후의 시대개혁에 투입될 자양분이다.

X세대를 주목하는 이유는 단순명쾌하다. 지속가능의 신자본주의를 열어젖힐 힘과 의지를 두루 갖춘 집단이기 때문이다. 선배 세대는 할 능력이 없고, 타이밍상 후배그룹에 미룰 수도 없다. X세대가 50세 전후인 지금이 절호의 찬스다. 이들은 한국사회를 옥죄는 인구 위기를 성장 기회로 바꿀 최적의 조건을 갖추고 있다. 그들의 관심과 참여를 유도해 사회문제를 성장동력으로 삼는 발상의 대전환이 요구된다.

다양한 가치관과 고학력을 갖추고 늙어가는 최초의 세대답게 달라진 행보도 적지 않다. 학력과 판단력이 비례하진 않지만, 최소한 절대빈곤의 기억이 재구성한 집단주의적 맹신에 익숙한 과거의 노인 세대와는 결별했다. 70년대생에 거는 기대는 크다. 최소한 중도적인 디폴트값을 체화시켜온 경험과 지향 덕분에 사회를 바라보는 가치 중립성이 확립된 세대다.

70년대생과 한국사회의 지속가능성

넥스트 베이비부머라 불리는 X세대를 한마디로 규정하긴 어렵다. 정확한 규정이 힘들다는 의미에서 미지수를 뜻하는 알파벳 X를 붙인 것만 봐도 그렇다. 흔히 '저항'이란 키워드로 대표되지만, 사고체계와 행동방식, 생활양식 모두 이전과 구분된다. 개인에 따라 정도 차이는 있지만, 그들은 자본주의를 철저히 따르며, 개인주의적인 사고방식에 익숙하고, 계산은 합리적이며, 확실하게 본인을 주장한다. 권위와 위계질서에 본능적 거부감을 보인다.

그들은 가난과 배고픔을 겪지 않았다. 물질적 풍요와 문명의 혜택을 두루 누렸으며, 풍요를 토대로 상호작용과 의사소통에 익숙한 집단이다. 개성을 중시하고 문화를 향유하며 소비 장식적인 마인드가 강하다. 일부는 파격적인 스타일과 독특한 문화에 심취한다. 비합리적, 이기주의, 물질 중심주의라는 오해도 여전하다. 그 이면엔 사회 모순에 대한 고민과 저항이 존재한다.

한국사회를 위기에서 기회로 전환할 핵심 주체로서 70년대생의 전면 부각은 불가피하다. 이들은 다름을 이해하지 못한 선배 세대와 달리 극심한 세대 갈등을 풀어낼 준비도 끝냈다. 특유의 강인한 생존력으로 봐도 X세대는 완벽한 변혁 주체다. 70년대생은 의외로 과소평가되어 왔다. 고성장의 주역인 선배들에게 밀리고, 별난 MZ 그룹에 치이며 주목받지 못했다고 할까. 문화와 같은 일부 영역에서는 독창성과 대담성을 발휘했지만, 아무래도 위아래에 껴서 존재감을 발휘하기 어려웠다. 다만 위기일 때 돌파력과 응집력은 이들을 따라갈 세대가 없다. 카멜레온으로 불리는 세대답다. 이들은 다양하다는 것이 공통점이라 한마디로 규정하기 어렵다. 그러다 보니 어느 세대와도 잘 어울리지 못하지만, 한편으로는 어느 세대보다 다른 세대를 포용한다.

그들은 집단주의가 저물면서 출현한 최초의 개인주의 세대로서, '우리'가 아닌 '나'를 의식하고 감각하고 소비하는 최초의 인구집단이다. 90년대의 문화적 자양분을 맘껏 흡수하며 자신만의 정체성을 다졌다. 이들이 브리지 역할을 맡아 구조 전환과 지속가능의 바통 전달을 재개한다면, 인구위기는 오히려 퀀텀 점프로 재구성된다. 생존능력이 검증된 선배 세대와 개인주의를 본격 체화한 후배 세대를 이어주는 역할에 한국사회의 미래를 맡기는 것이다. X세대 본인에게도 다른 선택지가 없다. 지속가능성을 이루어내지 못한다면 본인들의 고통도 배가된다.

요즘어른의 부머 경제학을 70년대생부터 설명했지만, 여기에 함몰될 필요는 없다. 은퇴부머와 신입부머에 해당하는 일반적 개념도 많기 때문이다. 한국사회의 미래는 부머세대에 달렸다. 부머집단을 통해 '생산가능인구→피부양인구'의 전환이 불러올 엄청난 위기를 '인구감소→지속성장'이란 신자본주의 모델로 승화시킬 호기로 활용해야 한다. 여기에 70년대생의 설명력이 가장 두드러질 따름이다.

70년대생의
지갑을 열어보니

인구변수는 그간 한국사회의 대형 호재였다. 우수한 인적자원이 한국을 먹여 살렸다는 데에는 해외 학계도 동의한다. 한국이 이룬 고도성장의 기반에는 베이비부머로 불리는 거대 인구집단이 위치한다. 은퇴부머가 포진한 1955~60년의 평균 출산율이 6.5명이란 점에서 고출생은 인구 피라미드의 아랫부분을 강력하게 유지, 보강하면서 고성장을 견인했다. 그들 스스로 만든 고령인구(65세) 기준이 자신들의 발목을 잡을 것이라곤 상상하지 못했을 것이다.

어쩌면 위기는 전적으로 '생산가능인구'의 기준에서 비롯될지도 모른다. 역으로 이것만 바꿔주면 모든 게 풀리는 마법이 펼쳐진다. 제도의 경직성과 관행을 버리는 작은 변화로부터 한국사회의 붕괴 위협도 회피되는 것

이다. 세상을 뒤집을 엄청난 혁신도 거대 담론도 필요 없다. 연령제도의
기준 조정이란 작은 넛지면 충분하다.

피부양인구가 생산가능인구가 되는 마법

솔직히 말해, 향후 한국인구는 늘어나기 어렵다. 출산율 0.7명대로 노동
투입형 자본주의를 한다는 것도 어불성설이다. 이때 고령인구의 기준점(65
세)을 위로 올리면 많은 것이 동시에 해결된다. 연령 상향분만큼 생산가능
인구가 늘고 복지지출은 줄어든다. 고령 근로를 통해 저출생에 따른 부족
한 노동력과 숙련된 경험을 확보하고, 이들이 장기적이고 안정적인 근로
소득을 유지하면 전통적인 노년 구간(65세 이상)은 복지영역에서 활동영역
으로 전환된다.

경제활동을 하는 노년의 증가는 복지 대상이 소비 주체로 변신하고, 필
수소비 패턴에서 확장소비 패턴으로의 변화를 뜻한다. 노년 구간은 새로
운 생산·소비의 가치가 창출되는 무대가 되고, 새로운 고객 출현은 인구
위기를 극복할 유력 찬스가 된다.

뒤에 나오는 도표를 보면 부머 경제학의 기대효과를 바로 알 수 있다.
먼저 저출생형의 인구감소가 한국만의 특이상황이 아니란 점에 주목하자.
한국의 초저출생이 기울기가 급해서 그렇지, 다른 선진국도 공통적으로
겪는 현상이다. 인구 피라미드가 삼각형에서 역삼각형으로 바뀌는 건 대

세다. 인구변화의 디폴트값은 '감소'란 얘기다. 다만, 선진국은 아직 시간이 남아 있다. 2.1명 선은 무너졌지만, 1.4~1.8명 선에 머물며 개혁 수순에 돌입했기 때문이다.

개도국형 삼각형 피라미드는 허리 집단인 생산가능인구가 떠받치는 사회다. 끊임없이 거대인구가 공급되면서 소비·생산의 확장 가치를 창출한다. 이런 사회에서는 고용 유발 효과가 큰 노동 중심의 조립가공·중후장

📍 **인구구조 및 성장단계별 유효한 기대시장**

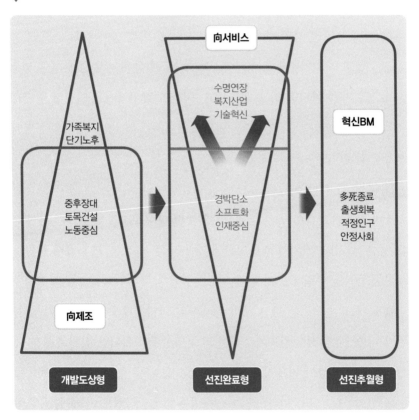

86

대가 주력 사업으로 채택된다. 토목건설이 대표적이다. 봉양해야 할 고령 인구가 적으니 복지도 큰 문제가 되지 않는다.

하지만 이 흐름은 인구변화와 함께 끝난 것으로 보인다. 선진국의 인구 피라미드처럼 역삼각형 패턴이 불가피하다. 그렇다면 늘어난 윗단에 맞춰 개혁 작업을 해야 한다. 줄어든 노동 공급과 저출생도 중요하지만, 당장의 충격과 불협화음은 윗단에서 발생한다. 이를 문제가 아닌 기회로 보자는 게 이 책의 주장이다. 요즘어른이 원하는 수명연장, 복지산업, 기술 혁신 을 미래 한국의 성장 기회로 보자는 의미다.

이런 흐름에서 주력산업은 경박단소와 소프트화로 대표되는 서비스업 이 될 것이다. 즉, 인재 중심 재편이다. 생산가능인구의 상단이 올라가고 (65세 이상), 여기에 맞춰 '기술혁신+수명연장=향서비스'가 안착되면 '나이 듦'은 가장 강력하고 매력적인 화두가 될 수 있다. 게다가 이 추세는 한국 이 가장 앞선 상황이다. 시니어 비즈니스와 바이오는 이미 강력한 혁신산 업이 됐고, 이의 실현 무대는 한국 시장이 최초일 전망이다. 베이비부머가 생애주기를 완료하는 시점에서, 한국은 '적정인구·안정사회'라는 새로운 모형을 제시한 최초의 국가로 기록될 수 있다.

반기 든 70년대생의 금전 파워

규모가 거대하고 의지가 있더라도 부머세대가 한국의 강력한 메가 집단이 될지는 미지수다. 일본의 사례를 들어보자. 일본은 90년대부터 저출생·고령화가 심화되면서 거대인구의 집중 은퇴에 주목한 시니어 마켓에 사활을 걸었지만, 결과는 그저 그랬다. 그로부터 30~40년이 지났지만, 성공사례만큼 실패 경험도 많다. 덩치로는 매력적인데 소비로는 한계가 있었다는 의미다. '은퇴인구=부자 노인'의 등식이 안착한 일본이지만, 그들의 독특한 보수 성향과 장수에 대한 걱정에 발목이 잡힌 까닭이다. 경기부양을 위해 돈을 풀어도, 내일은 더 내려갈 것이라는 디플레이션 경험이 유동성 함정까지 낳았다. 노년 욕구에 딱 맞춘 제품과 서비스가 나와도 최대한 안 쓰고 미룬다. 돈은 많지만, 쓸 돈은 없어서다.

모두가 알듯이, 일본 노인은 부자다. 청년인구의 노년 배싱(때리기)이 사회문제로까지 부상되었는데, 그 원인 중 하나가 노인들의 풍족한 연금이다. 실제로 일본 가계가 보유한 금융자산(약 2,000조 엔) 중 60% 이상을 노인이 점유했다(금융재정백서). 한국은 가계 순자산의 77%가 부동산이지만, 일본은 43%에 불과하다(2023년). 언제든 꺼내쓸 수 있는 유동자산이 상당량 존재한다는 의미다. 노인들은 돈이 있어도 쓰지 않는다는 것은 고령화사회의 뚜껑을 열고도 한참 후에야 알게 된 뼈아픈 교훈이다. 그들의 욕구도, 돈을 쓰지 못하는 이유도 알아채지 못한 탓이다.

일본의 시니어 마켓이 실패한 이유는 그들이 가족을 위해 희생하는 삶에 익숙할뿐더러 소득 없이 오래 살 것을 염려하기 때문이다. 보고서를 종합해봐도, 수명연장과 절약 성향은 비례한다. 일본 정부가 자산 이전을 위한 세제 정비에 정성을 쏟는 이유다. 한편 한국은 좀 다른 양상을 보인다.

특히 중년부머를 이루는 70년대생 X세대가 그렇다. 물론 일본에도 단카이 주니어, 밀레니얼, 사토리 등과 같은 특화된 별종 세대들이 늙어가고 있지만, 한국의 요즘어른과는 꽤 다르다. 변화보다는 수용을, 도전보다 포기가 더 일반적이다.

10년 내에 노후생활에 진입할 X세대의 지갑 사정은 예전의 그 어떤 중장년보다 빵빵하다. 비교 대상이 없을 정도의 구매력을 지닌 파워 그룹이다. 이전에도 없었을 뿐 아니라 이후에도 없을 부자 집단이다. 물론 그 안에서 차이는 존재하지만, 평균적인 금권력은 타의 추종을 불허한다.

이들은 90년대 후반(외환위기 전)까지 고성장의 수혜 속에 비교적 넉넉한 유소년기와 청년기를 보냈다. 사회 진출이 완료된 2000년대부터 성장 감축과 자산 급등이라는 스태그플레이션 상황도 경험했다. 천문학적 부동산 가격 폭등이 대표적이다. 지금이야 100억을 호가하는 집들이 많지만, X세대의 30~40대 시절에는 강남과 강북의 격차도 한강변의 미친 집값도 없었다. '졸업→취업→결혼→전세→자가'의 표준 경로만 밟아도 자산 축적은 어렵지 않았다.

연령대별 축적 자산 및 연간소득을 보면 70년대생은 실제로 상당한 부를 소유하고 있다. 그동안 불려 온 실물자산에 생애 정점에 달한 근로소득 및 사업소득으로 기타 연령대를 압도한다. 참고로, 2025년 현재 45~55세 구간에 포진한 70년대생을 꼼꼼히 발라내 자산과 소득 통계를 추려내기는 쉽지 않다. 다만 가계금융복지조사의 연령 구분인 40대와 50대의 통계를 활용해 추정하는 건 가능하다.

즉 40대와 50대의 평균치를 반분해 이를 더해주면 45~55세의 금고 사정을 유추할 수 있다. 특히 60대에 가까울수록 자산·소득이 급감한다고 가정할 때, 45~55세의 통계수치는 절반 이상의 설명력을 갖는다. 40대 후반과 50대 전반의 10년 구간, 즉 X세대가 순자산과 가구소득의 클라이맥스를 구성한다고 봐도 절대 과장이 아니다(2024년, 가계금융복지조사).

블루오션 후보, 45~55세의 X세대

이런 기준에서 2024년 현재 X세대의 순자산은 4억 8천만 원으로 추정된다. 40대와 50대의 절반을 더한 금액이다. 50대 후반으로 갈수록 급격히 사정이 나빠지는 추세를 감안하면 X세대가 보유한 순자산을 방어적으로 잡은 셈이다. 여기서 특이한 점이 눈에 띈다. 2012년 자산과 비교해보니 40대의 순자산 증액분(169%)이 50대의 증액분(150%)보다 높다. 40대가 50대보다 재테크를 잘했다는 뜻이다. 개방적이고 고학력인 X세대의 능력이 자산시장의 강세 흐름과 맞물려 이룬 성과로 해석된다.

가구소득도 비슷한 흐름이다. 40대(약 9천만 원)가 가장 많고, 그 뒤를 50대와 30대가 뒤따른다. 4050 세대가 전체평균을 끌어올리고 60세 이후는 감소한다. 50세를 전후해 근로소득에서 자산 축적으로 무게중심이 이동하는데, 이 역시 X세대가 그 중심에 있다.

금융자산도 40대와 50대가 1억 5천만 원 정도를 보유해 가장 높다. 정점

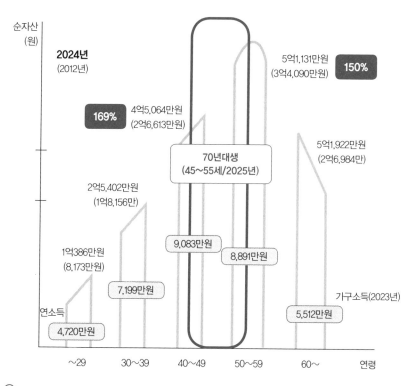

순자산
(원)

2024년
(2012년)

5억1,131만원
(3억4,090만원) 150%

169% 4억5,064만원
(2억6,613만원)

70년대생
(45~55세/2025년)

5억1,922만원
(2억6,984만)

2억5,402만원
(1억8,156만)

9,083만원

8,891만원

1억386만원
(8,173만원)

7,199만원

연소득

가구소득(2023년)

5,512만원

4,720만원

~29   30~39   40~49   50~59   60~   연령

📍 **70년대생의 순자산/소득능력 추이**

구간에 X세대가 위치한다는 얘기다. 60대부터는 확실히 줄어든다. 부동산

보유액은 60대가 조금 높지만 40대와 50대부터 본격적인 금액 상승이 확

인된다. 부채도 40대와 50대에 집중된다. 담보대출이 절반 이상을 차지해

투자 목적 부동산이 그 원인으로 추정된다. 재무건전성(부채/자산)은 20대

(30.4%)가 가장 안 좋고, 40대와 50대를 거치며 개선되는 경향성이 확인된

다. 한편 40대의 소득 유형 중 압도적인 건 근로소득이고 그다음이 사업소

득이다. 50대 역시 비슷한 흐름이다.

	30대	40대	50대	60대 이상
순자산	2억 5,402만 원	4억 5,064만 원	5억 1,131만 원	5억 1,922만 원
가구소득	7,199만 원	9,083만 원	8,891만 원	5,512만 원
금융자산		1억 5,950만 원	1억 5,589만 원	1억 0976만 원
부동산		3억 9,196만 원	4억 2,666만 원	4억 5,241만 원
부채		1억 3,148만 원	1억 0317만 원	
재무건전성	30.4%	22.6%	16.8%	

◎ **연령대별 자산, 소득 수준(2024년 기준)**

때문에 X세대의 노후생활은 상대 빈곤율 40%를 웃도는 현재 노년보다 상당히 개선될 것으로 보인다. 제1차 베이비부머(1955~63년생)가 환갑을 넘기면서 50%에 육박하는 상대 빈곤율이 낮아지고 있다. 가장 파워풀한 부머집단인 70년대생이 65세를 넘기는 2035년 전후엔 드라마틱한 반전이 펼쳐질 것이다. 즉 X세대는 '노후=빈곤'의 등식을 완벽히 파기할 최초세대로 기대된다. 58년 개띠가 피부양인구로 넘어간 지금만 봐도 노후의 금전 사정은 뚜렷이 좋아진다. 70년 개띠부터 시작하는 10년간의 인구가 65세가 되는 시점에는 더더욱 개선될 것이다. 시니어 마켓을 블루오션이라 부르지 않을 이유가 없다.

더 오래 벌고 더 길게 넣어두었기에

인플레이션을 감안해도, 2012년 대비 2024년 60세 이상 인구집단의 노후소득은 배로 늘었다. 2천 3백만 원에서 5천 5백만 원으로 불어난 것이다. 변화의 내용은 더 긍정적이다. '용돈 혹은 자영업'과 같은 가족 의존형에서 '월급 혹은 연금'의 각자 도생형으로 완벽히 재편되었다. 실제로 근로소득과 공적이전이 총소득의 64%를 차지한다. 반면, 예전 노년의 돈주머니였던 사업소득과 사적이전은 축소되었다. 늘어난 노후소득의 상당액을 월급과 연금이 떠받치고 있는 셈이다. 더 오래 일하고(근로소득), 더 길게 넣어 두었기에(연금소득) 발생한 소득이다. 자기 결정권에 의해 발생하는 지속적인 소득이라 장기적이고 안정적이란 점도 고무적이다. 고령 근로(정년연장)를 미리 준비하고, 20년 만액 조건을 가뿐히 넘긴 맞벌이형 X세대

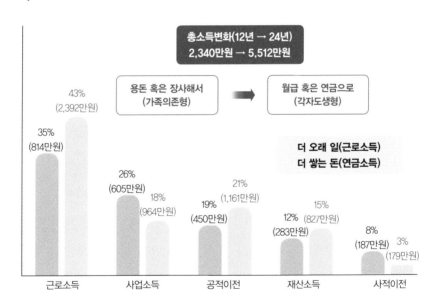

노후소득원별 비중추이(60세 이상)

의 노년 진입이 기대되는 이유다.

앞서 말했듯이 일본의 시니어 마켓에 돈이 풀리지 않은 이유는 장기적·안정적 소득원이 부족했기 때문이다. 부자 노인조차 현역 시절에 쌓은 자산을 헐어 쓰는 것에 몸을 사려, 적극적인 소비가 불가능했다. 외벌이 부부도 월평균 29만 엔의 연금소득이 발생하는 연금 대국은 맞지만, 이것이 수명연장의 불확실성을 커버하지는 못한다. 반면, 한국의 요즘어른은 각자도생형의 월급과 연금이 보강되면서 일본은 물론 선배 세대와 다른 시니어 소비자로 등극할 가능성이 높다. 특히 70년대생부터 적용될 것이라 예상되는 현역 연장형의 '노년 근로'는 꾸준한 확정소득이란 점에서 고무적이다.

길어진 노후생활을 버티자면 언젠가 곳간을 헐어서 써야 하겠지만, 적은 액수라도 수혈이 된다면 상황이 반선된다. 평생 근로를 통한 소득 확보는 건강이나 사회적 관계라는 파생효과를 제외하더라도 노후의 불확실성을 줄여낼 최선책이다.

4대 노후 자금원은 공적이전, 사적이전, 자산소득, 근로소득인데 그중 가장 매력적인 것이 근로소득이다. 공적이전(국민연금 등)은 충분치 않고 사적이전(가족 지원)은 난망이기 때문이다. 자산소득도 일부 계층의 전유물에 가깝다. 그렇다면 남는 건 근로(+사업)소득뿐이다. 즉 평생 근로는 시대적 흐름이다. 노후 소득원 1순위가 사적이전에서 근로소득으로 바뀐 것은 일하는 노년이 대세라는 메시지다. 오래된 전통인 '은퇴=자녀봉양' 공식은 이미 깨져버렸다.

X세대를 알려면
90년대로 돌아가라

요즘어른의 완전분해를 위해 꼭 필요한 지점이 90년대의 10년 구간이다. 70년대생 중년부머의 선두 연령인 70년 개띠를 꼼꼼히 살펴보자는 취지도 90년대를 폭넓게 경험하고 주도한 상징집단이기 때문이다. 한국사회의 제반 구조와 지배 질서가 90년대를 기준으로 전환되었다는 강력한 가설 덕분이다.

실제 90년대 이전과 2000년대 이후에서 분절과 전환의 단층이 뚜렷이 목격된다. 90년대는 한국사회의 기존제도가 기능부전에 빠지면서 구조 전환으로 가는 자양분을 제공한 결정적인 시기다. 한국이 변했다면 그 원류인 90년대를 되짚어봄으로써 어느 정도 파악이 가능하다. 90년대의 정밀한 복기야말로 한국사회의 오늘은 물론 내일을 읽어내고 예측하는 강력한 독법이다.

역대급으로 복합적인 변화가 이루어진 90년대는 다채롭고 독특한 시대 변화가 곳곳에 포진해 있다. 신화처럼 공고했던 질서와 가치가 한순간에 무너지며 설 땅을 잃었다. 대신 저항 정신으로 무장한 반골 흐름이 시대 표상으로 떠올라 신 패러다임의 탄생을 추동했다. 주지하듯 90년대는 천지개벽의 시기다. 고성장과 호황으로 절대빈곤이 줄었다. 중산층이 무려 70%였던 중류사회답다. 글로벌을 품으며 수출도 강화되었다. 인터넷·디지털이라는 새로운 기회는 크고 강력했다. 재벌 부도와 대량 해고로 이어진 외환위기도 겪었다. 90년대를 살았던 미래세대의 DNA는 '적응 속 진화'를 택했다. 구질서와 결별한 그들은 새로운 게임 규칙을 체화했다.

X세대는 어떻게 만들어졌나

90년대는 다양한 의미가 중첩된 시대변화의 무대다. 그저 그런 10년 중 하나로 보면 결정적 힌트와 기회를 놓친다. 90년대를 끼고 있는 80년대와 2000년대를 특정 항목의 그래프로 연결하면 구조 전환기답게 특출한 경향성이 확인된다. 그것을 키워드로 정리하면 △가치관 변화 △저성장 △도시화 △신기술이다.

1990년대는 그 이전까지 사회표준으로 견고하게 지켜왔던 것들이 전환·수정된 중요한 시기다. 2020년대 이후 본격 등장한 인구감소 속 지속가능한 신자본주의란 사회재편의 방아쇠는 사실상 90년대에 당겨졌다고 볼 수 있다.

먼저 가치관의 변화부터 살펴보자. 부머 경제학의 주역인 요즘어른의 사고체계는 90년대를 경험하며 기존 인식과 결별을 고한다. 우선 해외여행 자유화로 시작된 세계화는 X세대의 스토리를 넓혀주는 데 한몫했다. 배낭여행을 선도하며 '세상은 넓고 할 일은 많다'라는 도전적인 관점을 견지했다. 한국표준이 글로벌 상식이 아닐 수 있다는 자각으로 우물 안 개구리에서 벗어났다.

남아 선호가 아들 중시형 인구증가를 낳았다는 반성에서 수천 년을 지켜온 성역할이 해체되고 이는 남녀평등으로 이어졌다. 문화 개방도 중년부머의 가치관을 다양화하는 촉매가 됐다. 90년대는 민주화의 끝물로 학생운동이 힘을 잃고 문민정부가 시작된 변화를 이뤘다. 덕분에 개혁 성향의 중년인구와 젊음을 지향하는 부머집단이 출현하는 토양이 됐다.

다음은 저성장의 안착인데 이는 성장률로 확인된다. 90년대는 고성장과 저성장을 연결하는 지점이다. 1980년대 역대 최고치인 9.5%를 기록했다가, 2000년대는 4.7%로 뚝 떨어진다. 10년간 절반 이하의 낙폭을 냈는데, 이후 회복은 요원하다. 2010년대는 2.9%로 폭락, 저성장으로의 진입이 확실시되었다. 한국은행 등 국책기관도 대부분 90년대를 고도성장기의 종료시점으로 기록한다. 둔화된 노동 투입에 자본투자마저 부진해진 탓이다. 한국경제를 먹여 살린 노동집약·우수인재 모델이 90년대부터 멈춰 섰다는 얘기다. 돌발악재였던 외환위기(1998년의 마이너스 5.1%)가 평균을 다소 낮췄겠지만, 1999년(11.5%) 이후 두 자릿수 성장이 없다는 점에서 추세 전환에 가깝다.

세계화로 큰 장을 맛본 수출 주도 경제도 외환위기·구조조정의 압박에 시련을 겪기 시작했다. 재벌은 망하지 않는다는 대마불사 신화도 힘을 잃었다. 선진국처럼 서비스·내수를 좇는 보완모델이 나왔지만, 안타깝게도 기반 없는 실험은 카드대란이라는 부작용을 낳았다. 이후 한국경제는 주력산업부터 고용, 정책 모두 혼돈 속 전환에 돌입했다. 최소한 90년대의 청춘은 고성장의 종료와 저성장의 개막을 받아들일 수밖에 없었다. 먹고 사는 일이 변하면 삶의 스토리와 꿈도 변한다.

대학진학률 83.8%의 교훈

물론 사회 유지를 위한 바통터치는 끊임없이 이어진다. 우수한 인적자원을 가진 사회답게, 90년대 후반부터 저성장을 이겨낼 혁신사업이 하나둘 성공하며 IT 강국의 씨앗을 뿌렸다. 페이스북보다 빨리 SNS 기술을 개발한 싸이월드, 최초의 인터넷 전화를 개발한 새롬기술(이후 스카이프에 매각) 등 막강한 진용이 갖춰졌다. 현재의 AI 열기를 잉태한 초고속·초연결·초융합·초지능의 창조적인 혁신기술이 90년대 한국사회에서 닷컴 열풍으로 발현된 것이다.

부머집단은 기회를 놓치지 않았다. 1999년 기준 25~44세(1955~74년생)

였던 그들은 역동적인 신기술로 무장하고 전무후무한 투자 시대를 개막했다. 2000년대의 '바이코리아'로 상징되는 주식투자와 '버블세븐'을 불러온 집값 급등의 한가운데에 섰던 것도 그들이다. 시대 흐름을 뒤바꾼 변화를 개별적인 자산 축적으로 연결했다.

물론 '묻지마 투자'의 거품도 존재했다. 외환위기 후 1년 만에 주가지수

◎ 90년대의 경험 키워드 및 부머세대의 세계관

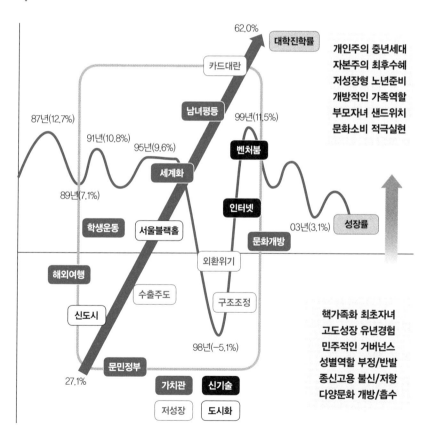

1,000p를 뚫었고, 몇몇 기술주는 부르는 게 값이었다. 부머집단 상당수의 투자 경험은 이때부터 축적됐다. 운이 좋아 이후의 토지 신화로 옮아 탄 부머세대도 적잖다. 90년대가 디지털 신화를 증명했다는 사실은 부인하기 어렵다.

도시화는 90년대를 만든 원인이자 결과다. 90년대라는 시간과 도시(수도권)라는 공간이 부머세대의 무대가 되었다. 삶의 무대가 달라지면 그 구성요소와 역할도 달라진다. 이런 점에서 90년대는 근교 신도시로 시작해 서울 블랙홀로 완성된 시대다.

인플레이션형 고성장에 투입된 우수 인재의 서울 전입은 수도권의 과잉 집중과 농산어촌의 소멸 위험을 동시에 불러왔다. 탁월한 가성비의 자원 집중 클러스트(플랫폼)가 수행한 임무는 훌륭했지만, 이때부터 가속화된 도농 양극화는 한국형 인구병의 단초가 됐다.

한편 한국사회의 주거 패턴은 '골목형 단독주택→아파트'로 변했다. '집=아파트'의 등식이 시작된 시점이다. 달라진 주거는 새로운 라이프스타일로 나타난다. 핵가족화를 경험한 중년부머는 가족 분화를 연기하거나 포기한다. 민주적인 거버넌스를 경험하며 고착화된 성별 역할을 부정한다.

90년대 자본주의의 마지막 수혜를 입었지만, 노후 대비에 대한 고민도 깊다. 스스로 종신고용을 불신하는 가운데 마처세대답게 이쪽저쪽 눈치 보는 샌드위치 역할을 떠맡았다. 그럼에도 다양한 문화 접촉과 소비 경험을 멈추지 않겠다는 적극성도 보유했다.

부머 경제학을 위해 주목할 90년대 통계 중 하나가 대학진학률이다. 90

년대 대학진학률이 2배로 치솟으며 한국사회를 대졸 중심으로 변화시켰다. 실제 90학번(27.1%)과 99학번(62.0%)의 대학진학률은 상당한 차이를 보인다. 가치관 변화, 저성장, 신기술, 도시화라는 90년대의 4가지 키워드와 급등한 대학진학률이 맞물려 변화의 진폭을 최대로 키운 셈이다.

대졸 라벨은 부머집단의 상황판단력을 높였을 가능성이 높다. 고학력으로 한정 자원을 실효적으로 배분하는 법을 배웠다면, 저성장이 본격화된 90년대의 경험은 향후의 질서 전환을 대비하게 했을 것이다. 노동집약형 경제에서 우수한 인재들이 서울로 몰렸고, 그들은 거주 비용의 압박으로 분화를 포기하고 독신가구라는 새로운 가족 유형을 형성했다. 이때부터 90년대 공고했던 '대졸 경제학'이 흔들리기 시작했다. 누구나 갈 수 있고 가본들 별 볼 일 없다면, 대학진학률은 조정될 수밖에 없다. 노동 중심에서 벗어난 선진국의 대학진학률이 낮은 이유다.

한국도 닮아가는 추세다. 90년대의 경험은 대학진학률을 83.8%(2008년 최고치)에서 73.6%(2024년, 종로학원 추정치)까지 떨어뜨렸다. X세대의 자녀들이 대학 진학기에 접어들면서 비율 감소가 확연해진다. 대학 졸업장의 실효성이 떨어짐을 자각한 데다 굳이 갈등비용을 지불하며 자녀의 대학진학을 고집할 이유가 없다는 현실 타협의 결과로 이해된다.

대졸 기반의 인적자원이 지닌 희소성이 퇴색하는 선진국형 산업구조도 한몫했다. 이는 노동집약형의 발전 패턴이 더 이상 유효하지 않음을 뜻한다. 실제 선진국에서는 대학보다 일터로 떠나는 청년이 많아지는 추세다. 주력 모델이 내수·서비스로 전환되면서 로봇, AI로 대체하기 힘든 육체 노동의 가치가 오히려 부각되는 중이다. 블루컬러의 임금이 화이트컬러를 웃도는 현상까지 발생한다. 대학 졸업이 훈장이던 시대가 저물고 있다. 90년대 일찌감치 색다른 인생살이에 동의한 X세대의 중년화로 대학의 가치는 변용된다.

엄마가 된 90년대 여대생에게

조금 더 세분하면, 90년대 시대상과 어울리는 상징 그룹은 X세대 중에서도 여성이다. 고성장을 맛보았지만 저성장과 부딪힌, 행복과 불행의 경계를 걸어온 독특한 시대 경험 덕분이다. 그들은 과거의 규칙과 현 상황의 미스 매칭을 선두에서 겪으며 지속가능한 삶을 위해 투쟁해왔다. 과거와 미래의 연결을 주동한 세대인 것이다. 압권은 단연 '90년대 여대생'이다. 그들은 남녀평등의 주체이자 객체로서, 남아선호의 혁파와 성평등의 시대를 열어젖힌 선두 세대다. 90년대 대학진학률이 일시에 높아진 것도 여대생 파워 덕분이다. 10년간 2배 이상 급등하며 한국을 고학력화로 이끈 일등공신이다. 역사상 이 정도로 단기간에 고학력화를 완성한 사례는 찾아보기 힘들다. 지금도 한국의 대학진학률은 세계 1위다.

양질의 인적자원이 쏘아 올린 한국형 고도성장은 한층 강화됐다. 절반의 인구인 여성까지 고학력화에 올라탔으니 신산업 모델로의 구조 변화만 무난했다면 2.0의 기적을 쓸 수도 있었다. 아쉽게도 고성장은 90년대에 끝났다. 하지만 여대생의 힘이 촉발한 더 큰 시대변화는 이때부터 본격화된다. 당연히 부작용도 존재했다. 대표적인 것이 심화된 도농격차다. 90년대 여대생이 국공립 거점대가 아닌 인서울 유명 대학교를 선택하며 지역소멸의 불씨를 키웠기 때문이다. 남녀를 불문하고 서울로 서울로 사회이동이 펼쳐졌다. 여대생은 전투력을 강화해 강한 자만이 살아남는 90년대를 버텨냈다. 90년대를 다룬 드라마 '응답하라 1994'의 부제가 '팔도청춘 in 서울'인 건 우연이 아니다.

90년대 여대생의 존재감은 그 후의 시대가 증명한다. 완벽하지는 않다 해도, 성차별을 밀어낸 평등 · 공정 · 정의의 사고체계가 안착했다. 남성 전업에서 양성 조화로 바뀌었고, 권위주의는 다원주의로 수정되었다. 어쩌면 90년대 여대생의 기대효과는 지금부터인지도 모른다. 학령기 자녀를 둔 엄마답게 달라진 가치와 자원을 배분하는 주체로 등장했다. 고학력 · 대기업이라는 과거 모델을 고집하기보다는 자녀의 행복이란 새로운 가치 기준을 설정했다. 90년대 여대생들이 상처를 훈장으로 바꾸며 훌륭히 살아낸 덕분이다. 10%나 떨어진 2023년 대학진학률(73%)이 그 증거다. '대학이 아니어도 괜찮아'라고 하는 선진국형 엄마의 출현이다.

90년대 여대생은 유교문화의 한계와 자본주의의 약점이 만든 세계 최고의 불행사회를 건져낼 구원투수로 제격이다. 한국사회의 지속가능성이 궁금하면 그들에게 물어볼 일이다.

Chapter
03

아직은 무주공산,
시니어 마켓

우리에겐
새로운 경제학이 필요하다

부머 경제학은 한국사회의 복잡다단한 문제를 풀어낼 구원투수로 제격이다. 비용 절감과 가치 확대의 일석이조 효과는 물론, 생산유지와 소비강화의 양수겸장을 불러올 마법이 될 수 있기 때문이다. 중장년부터 고령까지의 부머세대를 사회혁신의 핵심 엔진으로 쓰자는 취지다. 이들 없이 지속가능성은 난망이다. 그러려면 부머세대의 재평가가 우선이다.

한국사회가 부머 경제학을 채택해야 할 근거는 수백, 수천 가지 들 수 있다. 반면, 지금처럼 내팽개쳐둘 이유는 찾기 어렵다. 부머 경제학을 하지 않겠다는 것은 판을 못 읽었거나, 기존 체제가 유지될 때 얻는 과실이 부머 경제학의 채택보다 더 클 때뿐이다. 현 체계를 지키겠다는 아집만으론 더 이상 인구 악재를 버텨내기 어렵다. 초저출생의 인구충격을 이겨낼 묘책을 찾기 위해, 토론하고 선택하고 실험하고 검증하는 숱한 과정을 거쳐야 한다.

이때 방치하면 사회문제요, 활용하면 신 부가가치의 창출 기반이 될 베이비부머에 주목하는 건 당연한 일이다. 현존하는 대안 중 저비용·고성과를 담보할 수 있는 유일무이한 방법이기 때문이다. 사회문제는 시간이 갈수록 복잡해진다. 미처 풀지 못한 고질적인 문제에 새로운 과제가 덧대어진다. 얽히고설켜 실마리조차 찾기 어렵다. 이해관계가 복잡하고 성과 내기가 어려울수록 정책 단위의 인센티브와 해결 의지도 옅어진다는 점도 문제다.

특히 지속가능한 사회 유지를 위한 과제는 대부분 인구감소에 따른 위기에서 비롯된다. 저출생·고령화가 지속가능성을 훼손시키는 가장 강력한 원인이다. 노동집약·우수인재형의 성장모델로 승승장구해온 한국사회가 덜 태어나고 더 늙어가는 인구변화에 직면했으니 과거에 맞춘 제도와 질서는 역으로 거대한 사회문제로 변질된다. 인구유지선이 가뿐하게 붕괴되고 출산률이 0.7명대까지 떨어지니 미스 매칭으로 인한 연금 고갈, 가족 붕괴, 노후 방치, 청년 포기, 취약 근로 등 사회문제가 확대 재생산된다.

남은 카드 1장, 생산가능인구의 완전연소

결국 모든 사회문제는 저출생에 따른 노동감소로 수렴한다. '출생감소

→노동감소→소득저하→소비억제→매출하락→재정부족→복지파탄→가족포기'의 악순환이 불가피하다면, 시급히 해결해야 한다. 방치할수록 병은 깊어지고 치료비는 늘어난다. 해결책은 5가지로 정리된다. △후속세대의 출산반전 △노동수입 △생산현장 로봇투입 △생산가능인구의 완전연소 △고령근로의 계속고용 등이다. 처한 환경이나 기반에 맞춰 가장 효과

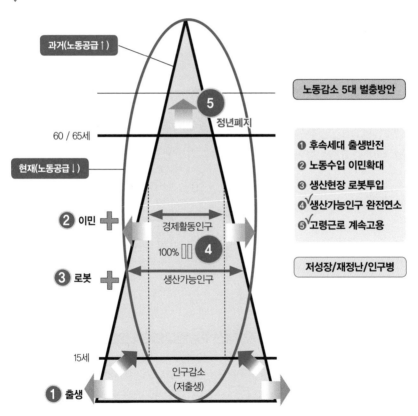

○ 노동감소의 충격완화 및 벌충방안

적인 것부터 채택하는 방법도 있지만, 한국처럼 시간이 없는 경우 5가지의 동시다발적 실행도 권유된다.

후속세대의 출생반전 카드는 최선의 선택이지만 최고의 난이도다. 노력해도 단기간에 성과를 확인하기 어렵다는 것도 한계다. 청년세대가 가족분화에 긍정적이 되도록 고용·주거 등을 긴 호흡으로 개선해야 한다. 가장 즉각적인 것이 노동수입인데, 만성적인 인력 부족을 겪고 있는 중소 제조업과 농산어촌에서 실효성이 확인된 바 있다. 다만 공급국가의 저출생발 인구감소로 노동 수출에 새로운 규제를 가하거나 우리만의 강점이던 최저임금제를 타국이 벤치마킹하면서 노동 수입도 경쟁이 치열해지고 있다. 참고로, 태국의 출산율도 1.00명(2022년)까지 감소했다. 또 다른 대안으로 생산 현장에 로봇을 투입하는 방법이 있다. 노동을 기계로 바꾸는 구조인데, 안타깝게도 한국의 로봇 투입률은 이미 압도적 세계 1위이므로 실효성이 낮다. 실제로 제조업 직원 1만 명당 로봇 수를 일컫는 '로봇 밀집도'는 한국(1,012)이 세계평균(162)을 훨씬 웃돈다(2023년, 국제로봇연맹).

이제 남은 건 생산가능인구의 완전연소라는 카드다. 생산가능인구는 경제활동인구와 비경제활동인구을 합친 숫자다. 한국은 고용률과 실업률 계산에서 빠지는 비경제활동인구가 매우 많다. 경제활동인구가 60% 선이므로 40%대인 비경제활동인구를 적극적으로 유인하는 정책이 필요하다. 가족 분화(결혼·출산·육아)에 따른 여성인구의 숙명적인(?) M자형 고용 곡선을 평평하게 올려서 남성처럼 역 U자(∩)형이 되도록 하자는 얘기다. 그래야 생산가능인구의 완전연소가 가능해진다. 통계에서 빠지는 비경제활동인구를 끌어내는 전략부터 실행한 후, 그럼에도 부족하면 이민이든 로봇이든 추가방식을 논의하는 게 낫다. 비경제활동인구가 적은 북유럽의 경우, 맞벌이 비율과 출산율이 높다는 점은 고무적이다.

길게 돌아왔지만, 이 책이 강조하고자 하는 노동감소 벌충 방안은 고령근로의 계속고용이다. 인구 피라미드가 삼각형에서 방추(항아리)형으로 바뀌는 상황에서 생산가능인구를 유지·강화하는 가장 즉각적이고 효율적인 카드는 고령근로뿐이다. 정년연장이라고 표현해도 되지만, 세대 갈등이라는 불필요한 혼란을 가중시킨다는 점에서 사용하지 않았으면 한다. 정년연장도 평생근로에 포함되는 하위 패턴이란 점에서 평생근로가 더 적합한 말이다. 평생근로는 '정년연장+재고용+정년폐지'란 점에서 굳이 논쟁적인 단어에 함몰될 필요는 없다. 평생근로가 이루어지면 노동력 부족의 다양한 부작용을 최소화할 수 있다.

부머가 일해야 모두가 행복하다

일할 의지나 능력이 없는 것도 아닌데, 정년 도달을 이유로 생산가능인구에서 빼는 건 곤란하다. 예전에야 평균수명이 짧고 고출생의 후배그룹에 물려줘야 한다는 공감대가 있었지만, 상황이 반전되었다. 연간 80~100만의 거대한 부머집단이 하나둘씩 정년에 도달하면서 근로 현장에서 떠나는데, 이를 벌충해줄 후배그룹은 고작해야 20~30만 명대의 저출생 세대다. 연령 중립적인 임금체계, 즉 성과 비례형의 봉급제로 바꾸면 고임금의 부담도 덜 수 있다.

요즘어른은 인플레이션형의 고용제도가 수정되면서 평생고용이 적용되는 최초세대가 될 것으로 전망된다. 평생고용만큼 실효적이고 선순환적인 대책은 없기 때문이다. 게다가 부머집단의 대거 퇴장이 현실화되면 천문학적인 복지비용은 예고된 재앙에 가깝다.

요즘어른이 계속해 생산가능인구로 남아 일할 때 개인, 가정, 사회, 국

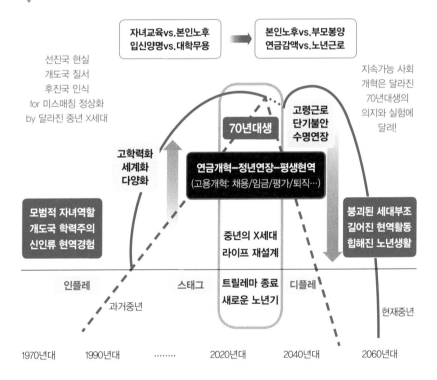

70년대생의 갈등심화와 개혁기대

가 모두 지속가능성이 높아진다. 정년제도는 초고령사회 한국에서 가장 먼저 폐기되어야 할 대상이다. '고령근로→소득증가→소비창출→조세확대→건전재정'의 단순 효과만 놓고 봐도 요즘어른의 평생 활약 말고 위기를 기회로 바꿔줄 대안은 없다. 낯설지만 가지 않을 수 없는 길이다.

부머 경제학의 전제와 기대효과는 하나로 귀결된다. 중년부머의 상징그룹인 1970년대생의 고민과 해법으로 치환하면 이런 결론이 더욱 뚜렷해진다. 1970년대생의 고민은 '어떻게 해야 절대빈곤의 상징인 뒷방 퇴물을 피할 수 있을까?'이다. 그들은 환갑 전후의 기계적인 강판을 받아들일 수 없다. 모범적인 자녀로 성장했고, 개도국의 학력주의 선봉에 섰으며, 신인류를 경험했던 그들의 새로운 문제 제기다. 역대급 규모도 갖췄으니 기성 제도도 긴장할 수밖에 없다. 이들의 미래는 붕괴된 세대부조, 길어진 현역생활, 힙해진 노년생활 등으로 예견된다.

정년, 은퇴, 퇴장, 노후 등의 단어는 거부되고 파기된다. 최소한 중년부머부터는 인플레이션 시대의 질서 수정이 불가피하다. 사실상 이것 말고 미래는 없다.

핵심은 연금개혁, 정년연장, 평생현역의 삼두마차로 갈무리된다. 예전 기준대로라면 1970년대생 부머집단이 은퇴할 2030년까지 고작 5년, 길게 잡아도 10년밖에 안 남았다. 한시바삐 '선진국 현실 vs. 개도국 질서 vs. 후진국 인식'의 미스 매칭을 정상화해야 한다. 한국의 지속가능한 사회개혁은 1970년대생의 의지와 역할에 달렸다고 해도 과언이 아니다. 갈등을 푸는 게 최고의 정치란 점을 잊어선 안 된다.

부머 경제학이 뒤집은
경제 이론들

사회는 이어달리기와 닮았다. 자녀는 부모의, 후배는 선배의 바통을 이어받으며 사회 구성원으로서 살아간다. 이 흐름이 끊기면 사회는 유지되지 못한다. 강력한 변화의 신호 앞에 질서 전환이 즉각적이고 실효적으로 채택되지 않으면 붕괴속도는 빨라지고 갈등의 진폭은 커질 것이다.

구체제가 축적한 설명력이 탁월할수록 신질서를 둘러싼 경계심과 거부감도 커지는 법이다. 한국사회가 이 사례에 해당한다. 밀고 당기는 질서 공방이 한창이다. 확실한 것은 만들면 팔리던 인플레이션형 성장은 끝났고, 초저출생이 불러온 신질서는 시대 사명에 가깝다는 사실이다. 막을 수도 없고 피할 수도 없다. 멀리 갈 필요도 없다. 당장 사는 방법이 달라졌다. 이미 자연스러워야 할 바통 연결이 먹혀들지 않는다. 앞선 모델을 모범적으로 좇기만 해도 성공했던 과거 패턴이 멈춰선 까닭이다. 반대로, 바뀐 체제에 맞춰 달라진 인생 경로를 선택하려는 움직임이 빈번해졌다.

한국에 한정하면 대학에 안 가도, 가족이 없어도 괜찮다는 반골(?) 패턴이 그렇다. 오히려 부모의 경험이 자녀의 인생을, 선배의 훈수가 후배의 미래를 망친다는 볼멘소리까지 들린다. 요컨대 한국형 성공 모델이 후속 세대를 중심으로 의심받고 재편되고 있다는 얘기다.

고장 난 성공 루트

변화는 생명체의 생존과 진화에 필수적이다. 인류가 끝없이 이동한 것도 더 나은 삶을 찾기 위해서였다. 먼 옛날에는 계절과 식량을 좇아, 근래에는 학교와 직장을 찾아 이동하며 살아왔다. 사회마다 그 기준이 다를 뿐 진화와 적응을 위한 혁신의 DNA는 생존을 위한 필수 요소였다. 외부 환경이 변했는데 멈춰 서서 안주하는 선택은 득보다 실이 많음을 경험적으로 안다.

지금 한국사회의 명운을 쥔 주력 세력, 즉 70년대생이 시대전환을 위한 출발선에 섰다. 부머 경제학은 이들을 '짐'이 아닌 '힘'으로 보며 일찌감치 기존이론을 깨버렸다. 이들의 실험이 한국의 새로운 표준이 될 수 있다. 그렇다면 피벗 전환을 위한 디폴트값의 수정은 필수다. 투자와 부의 운용 원칙을 규정한 기존이론이 흔들리는 것도 같은 맥락에서다.

요즘어른은 현역 시절 다양한 선행사례를 학습했고, 다양한 모범루트를 경험했다. 산업구조가 재편된 90년대에 사회에 진입하며 디지털과 인터넷을 체험했고 주식투자 등 다양한 자산운용을 시도했다. 양극화를 안착시킨 부동산 고공행진도 온몸으로 겪었다. 자본시장의 고도화로 해외투자도 일상적이다. 이대로라면 고정관념을 깨고 곧 유동 · 증권화의 투자 세계에

📍 **인구변화와 생애주기 자산운용의 미래변용**

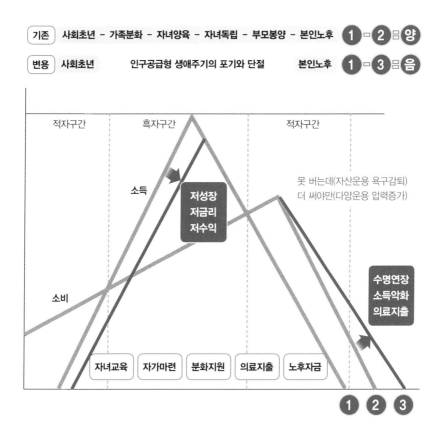

도 진입할 전망이다.

부머세대와 투자는 떼려야 뗄 수 없는 밀접한 관련성을 갖는다. 그들의 욕구와 정확히 매칭되는 까닭이다. 선배가 하던 대로 해서는 먹혀들기 어려운 시대변화 탓이다. X세대는 50대가 되어서도 가족 분화가 적은 최초 사례이기도 하다. 본인의 노후에 가족 지원을 받을 수 없는 상황에서, 못 버는데 더 써야 하는 미래를 목전에 두었다.

그렇다면 부머세대를 기점으로 전통적인 생애 주기론은 포기된다. 과거 방식으로는 버티기 힘든 저성장, 저금리, 저수익의 악재 속에 수명연장과 높아질 의료 지출이 대기하고 있기 때문이다. 선배 세대의 경우, 현역의 흑자 구간이 길고 후반부의 적자 구간은 짧았으며, 가족부양이라는 버팀목이 있었다. 부머그룹은 짧아진 흑자 구간과 길어진 적자 구간으로 생애 적자의 위험이 커진 것이다.

베이비부머의 등장은 그동안 공고하게 지켜졌던 투자이론마저 흔들거나 무너뜨린다. 자산시장의 철칙으로 여겨졌던 투자 관행과 배분 이론 등이 대표적이다. 인플레이션형 성장사회에서 검증된 이론일수록 현실과 더 괴리된다. 그럼에도 여전히 많은 투자 주체가 관성적으로 이론을 추종한다는 대목은 우려하지 않을 수 없다. 과거 이론을 수익모델로 채택한 기존 조직의 저항도 이론 수정을 가로막는다.

인플레이션형 투자이론의 폐기

결국 시대변화에 맞는 새로운 투자이론이 설득력을 얻겠지만, 중요한 건 혼란을 최소화하고 성과를 최대화하는 방법이다. 먼저 길어진 인생과 낮아진 기대수익이란 시대 흐름부터 읽어야 한다. 2024년 기대여명은 88.5세(남자 86.3세, 여자 90.7세)로 여자 수명이 사상 최초 90세를 뚫었다. 5년 새 남자는 2살, 여자는 3살 증가했다. 35년 전인 1988년에 남자 기대여명이 65.8세, 여자가 75.6세였음을 감안하면 실로 놀라운 변화다(기대여명은 제10차 경험생명표 기준으로, 생명보험사들의 보험료 산정 기준이 되는 수명을 말한다).

반면 기대수익은 낮아졌다. 저성장이 고착되면서 돈값(이자율)이 낮아진 결과다. 생산요소를 총투입해 얻어낼 최대치를 뜻하는 잠재성장률은 2022년부터 계속해 2%대를 밑돌며 세계 최하위권으로 떨어졌다. 이대로면 2030년대엔 제로성장 시대를 맞을 것이다. 이렇듯 자산시장에 시행착오가 축적되면 가장 적확한 승리 패턴이 이론으로 정착된다. 시대변화가 검증한 새로운 방식이 힘을 얻는 것이다.

이때 맨 앞에 서서 새로운 세상을 스스로 열어젖히며 달라진 생존방식을 타진할 유력한 집단이 베이비부머다. 숫자가 많아 입김이 세고, 소득·자산 등 투입할 무기도 탄탄하다. 다양한 경험과 색다른 가치까지 갖춘 파워집단다운 행보다. 이들이 저성장·재정난·인구병이 상수가 된 미래 시장의 바로미터로 거론되는 이유다. 이들의 주도하에 점차 이론화의 루트로 편입 중인 승리 신호를 신속히 흡수해야 한다. 그래야 수명연장을 재앙이 아닌 축복으로 바라볼 수 있다.

부머 경제학을 이끄는 요즘어른은 선배가 좇던 인생경로를 답습할 생각이 없다. 부모세대와의 완벽한 결별과 새로운 인생을 강조하는 것이 요즘어른의 생존방식이다. 초고령화와 맞닿은 부머 경제학의 자산운용은 '저축신화'에서 '투자 혁명'으로의 이동으로 요약된다. 주술처럼 추앙되던 굳건한 투자이론이 멈춰 섰기 때문이다.

저축 신화에서 투자 혁명으로

당장 연령별 투자원칙이란 것이 무색해졌다. 즉 100에서 자기 나이를 뺀만큼 위험자산에 투자하란 원칙 말이다. 가령 60세면 40%를 위험자산에투자하란 얘긴데, 결론적으로 지금 상황에 맞지 않는다. 기대여명이 늘어난 요즘 환갑이 되었다고 과거처럼 안전자산을 늘려서는 곤란하다. 한국부동산시장에 큰손으로 등장한 고령 구매자와 일본 외환투자를 주도한 와타나베부인은 '고령인구=안전자산'이란 고정관념을 깨뜨렸다. 따라서 나이 들수록 안전자산에 투자하라는 연령 비례형 자산 배분 이론은 재구성되어야 한다. 실제로 환갑 이후 위험자산 선호 현상은 강화되고 있고, 이는 금융·투자시장에서 새로운 기회로 떠오르고 있다.

강력했던 생애주기Life Cycle 가설도 요즘어른을 만나면 부질없이 허물

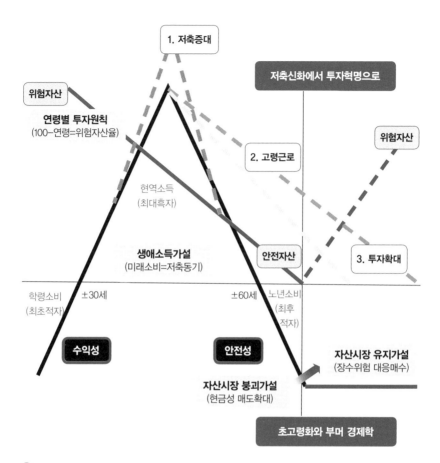

◉ 부머 경제학과 자산시장 가설 논쟁

어진다. 생애주기 가설이란 독립 이전까지의 전반부 최초 적자(학령 소비)

와 은퇴 이후의 후반부 최후 적자(노년 소비)를 최대 흑자(현역 소득)와 맞추

거나 남도록 장기 투자하는 전략을 뜻한다. 이는 1985년 모딜리아니Franco

Modigliani에게 노벨경제학상을 안겨준 은퇴 설계의 기본원칙이다. 쉽게 말

해 현역시절에는 미래 소비까지 감안해 저축을 하고, 노년기에는 저축한 돈을 사용한다는 것이다. 하지만 이도 옛날얘기다. 노인 증가가 수요감소와 매도증가를 불러와 자산가격 하락과 자산시장 붕괴로 이어질 것이란 가설 역시 실제로는 그렇지 않을 확률이 높다. 살아갈 날이 짧은 노인들은 보유자산을 팔며 현금확보에 매진할 것으로 예측했으나, 요즘어른은 거꾸로 위험자산을 더 편입하는 움직임을 보인다. 수명 증가가 불러낸 대응 매수는 자산시장 유지 가설로 귀결될 수밖에 없다.

한국의 요즘어른은 노벨경제학상을 받은 이론조차 갈아치우는 역동성을 지녔다. 자산시장발 부머 경제학은 △저축증대(현역소득 최대확보) △고령근로(지속발생 노년소득) △투자확대(장수위험 적극편입)로 정리된다. 자산시장과 고위험 투자가 요즘어른을 만나 새로운 기회를 만들 수 있다는 의미다. 물론 인구 요인보다 성장률이나 규제 완화처럼 더 직접적인 변수를 고려해야 하는 건 당연지사다.

일본 시니어 마켓,
벤치마킹 혹은 반면교사

경제 추격론은 선진 한국을 완성한 대표적 성장전략 중 하나다. 패스트 팔로어Fast Follower의 모범사례가 한국이다. 산업 단계별로 번성산업의 한 사이클이 끝나면 한국처럼 후발주자가 이를 추격하며 강력한 성과를 창출했다. '(미국)→일본→한국→중국→동남아'로 연결되는 국제분업형 산업 패턴이다.

그런데 맨 앞에 선 선진국처럼 없는 길을 개척하는 퍼스트 펭귄First Penguin은 위험을 무릅쓴 투자와 도전으로 새로운 루트를 만들어야 한다. 독점이란 수혜는 있겠지만, 만만찮은 혁신 비용은 불가피하다. 부머 경제학이 소환한 시니어 마켓에 한정하면, 다행스럽게도 한국은 아직 추격이익을 기대할 수 있다. 총인구의 30%가 고령인구인 초고령화의 선두 국가 일본이 먼저 길을 내줘서다. 일본은 90년대부터 시니어 마켓에 공을 들였다. 일본사회의 미래는 시니어 마켓에 달렸다고 공언했을 정도다.

실제 초고령화를 체감하고 싶다면 일본만 한 선도사례가 없다. 한국보다 앞서 총인구 감소와 노년 증가가 확인된 유일한 사례다. 그로부터 20~30년이 흘러 새로운 국면까지 펼쳐진다. 표준편차를 벗어난 초고령화의 풍경이다. 그도 그럴 것이 일본판 베이비부머인 단카이세대(1947~49년생, ±800만 명)가 2025년 전원 75세를 넘기며 초고령화의 수준을 한 단계 끌어올렸다. 2025년에 75세 이상 인구가 17.5%를 넘겼을 정도다. 65세와는 또 다른 충격이다. 일본은 특별히 이를 '2025년 문제'라 명명하며 후속 파장을 우려하는 눈치다.

3,700만 노년인구는 왜 지갑을 닫았나

일본사회는 다시금 '초고령화=비즈니스'에 주목하고 있다. 75세 이상만 2,000만 명이 넘고, 65세 이상은 3,700만 명에 육박하니, 10명 중 3~4명은 60세 이상의 노년 그룹이다(2024년). 일본경제는 사실상 고령 소비 없이 유지되지 않는다. '노년위기→성장기회'로의 관점 전환은 상식적이다. 일본 어디를 가든 노년이 파워풀한 구매력을 대표한다. 코로나 이후 양적완화가 지속되면서 인플레이션으로의 전환(디플레이션 탈출)을 기대하는 것도 상당 부분 노년발 부머 경제학이 먹혀든 결과다.

그럼에도 일본의 반응은 신중하다. 뼈아픈 실패 경험 탓이다. 초기 단계에서 부머 경제학이 예상대로 작동했다면 일본 시니어 마켓은 블루오션이 되었을 테지만, 결론은 섣부른 낙관론이 부른 착오였다는 것이다. 갈수록 나아지고는 있지만, 대박은 기대하지 않는 신중함이 엿보인다. 다양한 노력과 실험이 반복됐지만, 대부분 기대 이하의 성적표를 받은 탓이다. 성공보다 실패가 일반적이고 성공해도 길게 가는 사례는 매우 드물었다. 이로써 시니어 마켓 자체에 대한 실망 확산과 이탈이 이어졌다. 즉 가성비가 의심스러운 시니어 마켓을 향한 전략 재편과 방향 수정이 진행 중이다.

그렇다면 초고령화 시장의 조건을 두루 갖춘 일본의 시니어 마켓이 참패는 아닐지언정 매운맛을 본 원인은 무엇일까? 한마디로 기대 오류이자 판단 미스다. 거대집단의 씀씀이가 기대에 한참이나 미치지 못했다. 소비 여력과 시간 여유 등은 통계와 정합적이었지만, 결정적 변수였던 소비 의욕이 부족했다. 뚜껑을 열어보니 덜 쓰고 안 쓰는 고령인구가 태반이었다. 장수 위기의 불확실성 탓이다. 이는 일본만의 사례가 아니다. 유럽, 미국 등 은퇴 대국의 공통현상이다. 일본이 튀는 것처럼 보이는 이유는 연금소득 등 거액 자산을 가진 노인조차 소비 절약과 핍박 생활에 동참했다는 점이다.

은퇴 이후의 경제적 부담을 둘러싼 불확실성이 그만큼 컸다. 고령자의 저축이 더 늘어나는 기현상마저 보였다. 막강한 소비세대가 아닌 꾸준한 저축세대임이 판명되면서 시니어 마켓에 물을 끼얹었다. 〈닛케이비즈니스〉는 이를 이솝 우화 '개미와 베짱이'에 빗대 설명한다. 우화의 내용과 달리, 미래에 대한 불안으로 일본 개미들은 겨울에도 일할 수밖에 없다는 것이다. 우선 신규부머에게 정년 개념이 사라졌다. 60세를 막 넘긴 남성의 현역유지형 취업은 절대적이다. 부모·자녀에 대한 금전지원과 본인의 노후준비는 미완성의 과제다. 연금제도를 개혁해서 지속가능성을 높여야 한다는 움직임도 압박감으로 작용했다.

늙음을 젊음으로 치환한다는 것

예측이 어긋난 것은 기업과 시장의 판단 오류 탓이 크다. 거시적 환경변화와 진화된 욕구 분석 없이, 단순히 나이가 들었으니 이런 게 필요할 것이란 1차원적 접근이 화를 불렀다. 시니어 마켓과 고령고객에 대한 치밀한 계산 없이 장밋빛 전망만 믿고 뛰어든 업계의 안이함을 지적하지 않을 수 없다. 노화에 따른 신체적 한계에 국한해 의료·간병 시장에만 주목했고, 독립생활인으로서 확장적인 소비를 실현할 생활 관련 상품·서비스는 거의 제안되지 않았다는 것도 초기 일본의 실패 교훈이다.

요즘 노인은 노인이 아니다. 늙고 병든 이미지는 과거의 유산이다. 다양해진 고령인구에 부응하는 정교한 고객 구분과 성향 분석이 필수다. 극단으로 분류하자면 한편엔 사회보장과 간병이 필요한 생활 약자가 있고, 다른 한편엔 금전과 시간을 풍족하게 즐기는 윤택한 고령인구가 있다. 지금껏 업계는 전자에만 초점을 맞춰 접근한 면이 있다. 졸지에 약자 취급을 받은 후자 그룹은 시니어 마켓이란 말에 알레르기 반응을 보인다. 사실 고령고객의 스펙트럼은 훨씬 넓다. 자산 보유 정도에 따라 노인그룹의 소비성향은 극과 극이다. 시니어 마켓에 진입하려면 다양성과 이면성이란 측면을 정밀히 살펴야 한다.

수정이 필요한 고정관념도 많다. 먼저 늙음에 대한 거부 조류다. 노인이 노인이길 거부하는 셈이다. 고령사회는 늙음이 대세지만, 그렇다고 늙음을 대놓고 강조하면 곤란하다. 늙음을 거부하는 고령인구의 집단반발이 만만찮아서다. 누가 봐도 할머니지만 할머니를 위한 제품은 팔리지 않는다. '언니' 정도는 불러줘야 발걸음을 멈춘다. 즉 늙음이 젊음으로 치환될 때 비로소 사업 기회가 생긴다. 이해와 공감이 우선이란 얘기다.

모든 통계지표가 노인을 규정하는 현행기준 60세를 높이라고 말한다. 일본 및 서구사회의 사례를 보건대, 정책 수정을 위한 마지노선은 70세로 수렴한다. 경로당의 막내도 70세 이상인데 60대를 노년으로 보는 기준은 부자연스럽다. '고령자=여성'이란 이미지도 수정 대상이다. 고령 여성의 단독 가구가 많긴 하지만, 최근엔 남성의 비혼 비율이 높아지는 추세다. X세대 70년대생을 필두로 평생 미혼이 늘어나면서 애초에 가족 분화를 하지 않은 중고령자가 늘어날 전망이다.

소득활동에서도 인식 전환이 필요하다. 늙으면 쉬고 싶어 할 것이라고 생각하지만, 실상은 다르다. 여즙어른의 등장과 함께 고령근로는 꾸준히 늘어날 수밖에 없다. 정규직의 탄탄한 일자리는 아닐지언정 근로소득의 유지·연장은 불가피한 트렌드다. 앞서 설명했듯이 '고령인구=안전자산'의 등식도 깨진 지 오래다. 위험자산을 적극 편입해 불확실성을 이기려는 움직임이 두드러진다. 고령인구의 장기투자도 새로운 트렌드다. 은퇴 이후 전원이나 근교에 거주할 것이란 예측도 어긋났다. 늙을수록 의료·간병 서비스를 좇아 도심으로 돌아오는 고령인구가 증가한다. 노인가구가 도심역세권 소형 주거의 주요 고객이 될 날도 머잖았다.

그럼에도 불구하고, 시니어 마켓

그럼에도 시니어 마켓은 존재한다. 과거와는 달라진 시대변화가 자양분을 제공하기 때문이다. 단기간에 성장하는 시장은 아니라 해도, 서서히 한국 시장의 신자본주의를 구성할 유력 영역을 차지할 것이 확실시된다.

일본의 실패 경험을 기반으로, 시니어 마켓의 성장 곡선은 탄력을 받을 공산이 크다. 우선 과락 없이 합격선 위에 안착할 수 있는 시장에 도전해봄직하다. 잠재고객의 라이프스타일을 주도면밀하게 분석·이해한 후, 눈높이와 욕구에 맞는 제품과 서비스를 제공하는 게 필수다. 명심해야 할 것은 앞으로의 시니어는 선배집단과는 완전히 구별되는 새로운 고객 집단이라는 점이다.

기업은 늘 '10년 후 뭘 먹고 살 것인가?'를 자문한다. 미래의 성장 기반을 찾는 데 기업만큼 절실한 주체는 없다. 지금으로서는 시니어 마켓이 꽤 괜찮은 대안일 수 있다. 실패 사례의 축적으로 더 강하고 정교해진 일본의 대응이 성공을 기대하는 배경이다. 일본에서는 '어렵지만 무시할 수 없다', '내수 중 전망이 있는 건 이 시장뿐'이란 평가가 일반적이다. 함정이 적잖지만 '그럼에도 불구하고'라는 희망으로 연결되는 분위기다.

시니어 마켓은 소중하게 키워야 할 미래의 주요 사업이다. 숱한 한계와 함께 충분한 매력이 존재한다. 산업 전반에 걸쳐 부가적인 확산효과마저 강력하다. 사람과 돈이 있어야 시장이 만들어지고 성장한다. 지금껏 '한국노인=빈곤인구'의 이미지가 걸림돌로 작용했지만 요즘어른부터는 확 달라진다. 고학력과 고자산에 새로운 경험과 가치관으로 무장한 부머그룹의 가세가 시작됐다. 70년대생 X세대가 고령인구로 편입될 10여 년 후가 되면 노년 빈곤은 빠르게 개선될 것이 확실하다. 자녀교육비도 큰 문제가 아니다. 그들은 생애 전체를 포트폴리오로 관리하기 때문이다.

요즘어른의 대량은퇴는 시니어 마켓이 점점 더 좋아질 것이란 신호다. 적극적, 긍정적, 활동적 시니어의 출현은 '고령자=중산층'의 등식마저 만든다. 여기에 호재가 더 가세한다. 내수시장을 육성해야 한다는 정책적 필요성이다. 한국의 내수시장 의존도는 기형적일 정도로 낮다. GDP 대비 수출 비중 60%는 과하게 높은 수준이다. 좋게 말하면 무역의존도가 높은 개방경제이지만, 이것이 향후 걸림돌이 될 수 있다는 게 문제다. 수출주도성장의 한계를 극복하고, 대외변수에 휘둘리지 않을 성장 모형을 만들어야 할 시점이다. 이제껏 한국을 먹여 살린 수출 부문의 취약성이 갈수록 문제를 드러내고 있어서다.

한국은 일본과 다르다고?

그렇다면 대안은 수출과 내수의 균형 모색이다. 존재감이 약한 내수시장 확대가 한국경제의 지속성을 높이는 지름길이다. 그리고 시니어 마켓은 내수 확대의 유력후보다. 이제까지 없었던 소비를 창출하거나 키울 수 있기 때문이다. 인기에 영합하는 차세대 성장사업 제안보다 훨씬 현실적이고 구체적이다. 부가적인 효과도 크다. 시니어 마켓의 유력 고객인 요즘 어른은 생산 주체이자 소비 주체다. 이들을 지속적으로 활용한다는 것은 경제 활력은 높이면서 재정은 아끼는 양수겸장이다.

문제는 한국의 늙어가는 속도다. 이미 일본을 넘어서며 압도적인 초고령화를 예고했다. 이대로라면 엄청난 사회 분란이, 넘어선다면 새로운 가치 창출이 기다릴 것이다. 일본의 실패 경험은 한국이 누릴 마지막 추격 수혜에 해당한다. 일본 사례를 통해 충분히 검토한 후 이를 한국 상황에 맞게 재활용하는 섬세함이 필요한 시점이다.

무분별한 벤치마킹을 해서는 안 된다. 외신은 20~30년 전 일본의 시니어 마켓 초기 대응보다 작금의 한국 상황과 전략에 긍정적인 메시지를 보낸다. 인구학적 변화는 일본을 뒤따르지만, 시니어 마켓의 조성은 한일 양국이 크게 다르기 때문이다.

2005년 초고령사회를 완성한 일본의 시니어 마켓은 장기·복합 불황 속 잃어버린 30년과 함께 유동성 함정과 디플레이션 충격에 휩쓸려 버렸다. 그나마 인구 규모와 축적된 자본으로 근근이 버티고 있는 실정이다. 반면

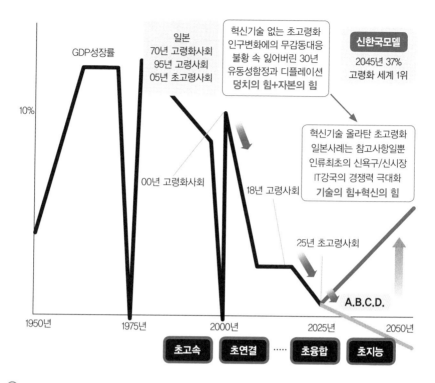

일본과 다른 한국형 기술혁신 초고령화의 기회

한국은 IT 강국의 경쟁력과 요즘어른의 대거 등장으로 인류 최초의 신시장
을 열 것이라 기대하는 것이다. 실제로 '초고령화=바이오=한국시장'의 연
결 논리도 설득력을 얻는다.

한국은 초고속, 초연결을 넘어 초융합, 초지능 기술과 혁신의 힘으로 무
장한 채, 2025년 초고령사회를 맞았다. 2045년 기준 고령화율 세계 1위
(37%)로 예상되는 한국형 시니어 마켓을 세계가 지켜보고 있다.

몹시 알고 싶은
요즘어른의 속내

초고령화는 시작됐고, 시니어 마켓은 막이 열리고 있다. 대세엔 눈치껏 올라타는 게 상책이다. 최소한 뒷북은 곤란하다. 퍼스트 펭귄이 되기 어렵다면 보조를 맞추는 전략이라도 짜야 한다. 지금으로선 일본 사례를 발판으로 저비용, 고효율의 데뷔전을 치르는 게 가장 안전하다.

초기 일본처럼 될성부른 떡잎 같아 보인다고 무조건 자원을 투여해서는 안 된다. 현역 시장이 어려우니 시니어 마켓을 노려보자는 대안적인 접근도 위험하다. 가기로 했다면 사활을 걸어야 한다. 특히 중요한 건 고객을 속속들이 이해하는 단계다. 구매 여정의 전 지점에서 기업과 고객이 소통하는 일련의 고객경험(CX)을 확보하는 게 매우 중요하다. 잠재고객의 내재 성향부터 외부 환경까지 정확하게 읽어내야 한다는 뜻이다. 고객을 알아야 제품을 만들고 소구 지점도 파악된다.

전대미문의 속도와 규모로 한국을 덮치는 초고령화 이슈는 갈수록 존재감을 키울 것이다. 그렇다면 요즘어른의 분석은 일상적인 경영 화두로 등장한다. 기업 내의 연구는 물론 외부 환경의 공통 트렌드, 공략 키워드 등을 내재화하는 전략은 필수적이다. 모든 신호와 힌트를 재조합하는 창의성도 요구된다. 작은 힌트에서 블루오션의 씨앗이 만들어지는 법이다.

노인인 듯, 노인 아닌 듯

그렇다면 요즘어른을 규정하는 일련의 분석 시도에 주목해야 한다. 이 과정은 한국보다 먼저 고령인구의 환경과 체질, 욕구, 수요를 분석해온 일본 사례가 도움이 된다. 일본은 일찌감치 한국의 요즘어른처럼 구매력을 겸비한 일본노인의 특성을 이렇게 정리했다.

△건강과 환경 중시 △가치관에 따른 뚜렷한 브랜드 선호 △고령자 전용 상품에 대한 거부감 △구매과정의 편의성 추구 △IT 활용에 우호적 △아낌없는 가족소비 등이다(닛케이비즈니스). 내수시장에 있어서 이런 특성을 토대로 수동적 대응보다 적극적 활용을 하라는 얘기다.

요즘어른은 전통적인 노년 그룹보다 까다롭고 다채롭다. 그들을 미시수요의 거대집합체로 비유하는 건 꽤 정확한 접근법이다. 전체 규모는 크지만, 개별수요의 범위와 수준은 제각각이다. 또한 노후생활을 금전과 신체적 조건만으로 예단할 수 없다. 가족관계, 주거 양태, 취미, 취업 상태 등은 물론 현역 시절의 경험과 개인의 성향까지도 노후생활에 직간접적인 영향을 미친다. 이 모든 것이 합쳐져 최종적인 소비 의향으로 반영된다.

관건은 요즘어른의 본심, 즉 속내를 정확히 체크하는 일이다. 노후생활과 관련해 어떤 점을 답답해하고, 어떤 것을 원하는지 수요 발굴을 위한 지점 확보에 매진하라는 얘기다. 이때 꼭 필요한 것인 혁신적인 오픈 마인드다. 그 연령대엔 그 수요라는 식의 '가령加齡 수요'만 고집해서는 안 된다. 선진국 사례를 보건대, 오히려 연령 특징을 배제하고 현역 소비가 연장된다는 관점으로 접근할 때 기회가 열릴 수 있다.

3력, 3F로 읽는 신인류의 삶

요즘어른은 기력氣力, 체력體力, 재력財力이라는 3력三力을 두루 갖춘 신인류다. 액티브 시니어의 공략법은 종전의 연령 구분을 폐기하는 데서 시작한다. 연령과 무관한 제품의 출시다. 60대만 해도 인터넷·디지털 이용이 현역과 다르지 않다. 요즘어른의 노년은 IT 강국의 혁신제품과 함께 시작되고 강화된다는 얘기다. 음성으로 조작하거나 화면 확대 기능 등 약간의 노인 친화적인, 그러나 크게 티 나지 않는 기능이면 충분하다. 편의점, 대여점, 서점, 헬스클럽 등 시니어만을 위한 상품 진열과 시니어 특화 점포 출점도 가속화될 전망이다. 그들은 애매하게 묻혀 가려 하지 않는다.

차별적이고 독립적인 소비 주체로 구매력을 과시할 것이란 뜻이다.

일본의 시니어 업계가 예전에 만들어낸 3F란 키워드도 의미 있다. 실패로부터 배운 일본 업계는 한국의 요즘어른처럼 유력한 소비계층을 발굴해 '신新 시니어 부유층'으로 규정하고, 그들의 소비심리를 읽는 3F란 개념을 내놓았다. 즉 Fun(여행, 골프, 자동차, 홈시어터, 레저, 식도락, 패션), Family(재건축, 인테리어, 전원주택, 별장, 반려동물), Future(웰빙, 자산운용, 컴퓨터 및 어학 등 평생학습)다. 물론 이보다 더 세분화해야 한다는 반론도 적잖다.

부자 노인에 한정한 5가지 전략 키워드도 있다(일본리서치종합연구소). 단거장거, 커뮤니케이션, 안심·안전, 서비스, 사회인식Social Mind이다.

첫째, 단거장거短距長居란 이동은 짧고 적으며 집에는 오래 있다는 뜻이다. 구매 난민이란 말처럼 적절한 이동수단이 제한되어 재택서비스가 환영받기도 한다. 다만, 꽂히면 많은 시간도 할애한다. 오래 머물며 소비한다는 뜻이다. 패키지여행이나 교양·오락 분야가 그렇다. 이들은 시간 절약형 소비에는 관심이 없다.

둘째, 커뮤니케이션도 중시된다. 딱딱하고 기계적인 온라인보다 점원과의 직접 대화를 선호하고, 현장에서 만져보고 대화 나누길 원한다. 따라서 고급 제품의 경우, 점원의 고객 응대 능력은 필수다.

셋째, 품질이 뒷받침된 '안심·안전'은 공고한 기준이다. 가격보다는 가치다. '가치 있는 것을 오래 쓴다'라는 입장이다. 지속되는 불황 속 반발 소비로서 '작은 사치'가 안착했듯이, 단순 할인판매에 대한 민감도는 낮다. '가격→가치'로의 변화다. 이때 가치에 전제되는 것이 안전성이다.

넷째, 제품보다 서비스 선호다. 굳이 새로 사야 할 내구 소비재가 별로 없다. 기업들이 부가적인 서비스 제공에 공을 들여야 할 이유다.

마지막으로 사회인식은 사회공헌 붐과 관련이 깊다. 가급적 사회를 위한 소비를 원하는 것이다. 수익 일부가 사회에 환원되거나 환경에 좋은 제품·서비스를 소비하려는 욕구다.

일반론이지만, 소비지출의 3대 반전 효과를 제시한 연구도 있다(다이와종합연구소). 연령효과, 세대효과, 시대효과다. 연령효과란 라이프사이클의 변화에 영향을 받는 항목이다. 고령에 따른 보건의료가 그렇다. 세대효과란 특정 시기를 공유한 인구집단의 소비 항목이다. 추억 반추를 도와주는 복고상품이 대표적이다. 시대효과는 현재 유행에서 비롯되는 지출이다.

재택, 여가, 유지, 안심·안전이라는 키워드는 이들 3대 효과가 낳은 결과다. 외출 기회가 적으니 집에서 여유롭게 지내고 건강·관계·환경을 유지하되 가능한 안전한 소비를 선호하는 것이다. 종합하면 의료와 보험, 보수유지(주거·관계), 일상생활용품 등이 핵심 지출 항목이 된다.

3C, 3不로 접근하는 신시장

요즘어른을 향한 접근법은 3C로도 요약된다. 먼저 'Communicate'다. 그들의 욕구와 소비성향 등을 알기 위해서는 잦은 대화와 직간접 접촉이 필수다. 그런데 물리적 접촉을 주기적으로 갖기는 어렵다. 이때는 인터넷을 활용할 수 있다. 전용 페이지를 구축해 설문조사나 인터뷰 등을 실시하는 방법이다.

두 번째 C는 'Connect'다. 앞선 'Communicate'와 유사한 맥락이나 방향은 정반대다. 고객정보의 획득이 아니라 상품정보의 전달을 뜻하기 때문이다. 시니어는 상대적으로 시대변화와 혁신기술에 미숙할 수밖에 없다. 새로운 제품이 나와도 인지하고 수용하는 시점이 늦는다. 이때 중요한 것이 연결 채널의 확보다. 요즘어른이 쉽게 참여할 수 있는 시스템을 구축해 상품정보를 효율적으로 전달하는 것이 무엇보다 중요하다. 고무적인 건 부머집단의 경험치다. 인터넷에 익숙하고 가상공간에서의 활동도 비교적 활발하기에 유력 대안이 될 수 있다. 실제 친구가 많은 사람일수록 신상품 구매율이 높다는 연구 결과도 있다. 입소문의 연결 확보가 소비 증가를 낳는다.

마지막 C는 'Co-create'인데 쌍방향 채널 공유를 의미한다. 시니어를 단순 소비자로 보는 것이 아니라, 이들의 풍부한 경험과 지혜를 활용해 공정에 반영하는 것도 고려해야 한다. 그렇게 되면, 파악하기 힘든 노년 니즈를 보다 정확하게 읽어내고 충성도를 올리는 효과도 기대할 수 있다. 수요는 충분하다. 은퇴 이후 본인의 능력을 발휘하지 못한다고 생각하는 고령층에게 참여기회를 제공하면 상호만족을 이끌 수 있다.

3C는 시니어 마켓의 주역을 시장으로 이끄는 유도장치와 같다. 요즘어른의 주머니를 열게 할 새로운 접근 전략인 동시에 적재적소의 상품·서비스를 창출하는 기본 얼개다. 여기서 중요한 포인트는 '소유가치(상품의 소

비)에서 사용가치(시간의 소비)로의 변화'와 '사용가치의 극대화'다. 은퇴 이후의 여유 시간을 만족시켜줄 새로운 시장을 만들어야 된다는 뜻이다.

요즘어른의 소비 키워드는 '3불不 해소'로 정리된다. 3불이란 불안, 불만, 불편인데, 이는 시니어 마켓에만 한정되는 게 아니라 모든 비즈니스의 원천이다. 가격이 비싸더라도 안전하고, 행복하고, 편리하면 먹힌다. 안전, 행복, 편리성을 융합하면 플러스알파의 잠재 니즈로 연결된다.

요즘어른의 다양성은 다품종·변량생산의 가능성을 높인다. 과거 시장을 지배했던 매스Mass는 설명력이 떨어진다. 아무리 포화 시장이라 해도 3불不 해소의 여지는 충분하다. 고령인구일수록 더 그렇다. 따라서 신시장은 불不의 해소에서 출발해야 한다. 싸다는 이유만으로 지갑은 열리지 않는다. 그 상품이 3불을 해소해준다는 것을 '스토리'로 완성하면 최선이다. 스토리는 힘이 세다.

시니어 비즈니스에
점수를 매겨보자

저출생, 고령화 위기는 산업을 재편하고 새로운 기술혁신을 요구한다. 그렇다면 의료 · 금융 · 주택 · 고용 분야에 미치는 영향력은 어느 정도일까? 투자전문가들이 시니어 산업의 중요도와 매력도를 가늠하기 위해 보는 자료가 있다. '투자사를 위한 사회문제와 산업 분석 리포트'란 제목의 심층 보고서(HGI · 트리플라잇, 2024년)인데, 초고령화 트렌드를 읽어내는 기초자료로 좋다. 약 29만 건에 달하는 방대한 미디어발 통계분석을 통해, 시니어의 삶에 직접적인 영향을 미칠 뿐 아니라 비즈니스적 해결 여지가 높은 항목에 주목하자는 취지다. 고령화 이슈를 심각성 · 중대성으로 분류해 우선순위를 정하는 것도 권장된다.

시니어 천만 시대다. 2017년 고령사회(14.3%)에 진입한 후 불과 8년 만이다. 당연히 세계신기록이다. 2024년 12월 초고령화 임계점인 20%를 넘겼고 2025년에 22%를 기록할 것으로 전망된다. 65세 고령 입문 후에도 10년은 현역과 크게 다르지 않기에, 전기고령자(65~74세)의 규모(11.3%, 583만 명)는 막강한 존재감을 드러낸다. 55~64세의 예비그룹(16.3%, 845만 명)까지 가세하면 55~74세 집단은 한국인 3명 중 1명을 차지한다. 10대(455만 명)의 3배 수준이다. 이들이 늙어가면 자연스레 후기고령자(75세 이상)도 늘어나 '고령자의 초고령화'가 곧 현실로 닥칠 것이다. 중위값으로 추정해도 2035년 고령자는 30.9%로 추정된다.

고령화 이슈 톱텐과 유망 사업

시니어가 직면한 이슈를 현재(가시성)와 미래(확산성)로 나눠보자. 가시성, 확산성에 심각성까지 중첩된 과제는 단연 고립과 격차가 불러올 불안·불편으로 요약된다. 고독감과 소외감을 포함한 정신적 스트레스가 신체 건강, 경제 사정보다 상위에 위치한다. 해결하고자 하는 욕구가 크다는 의미다. 따라서 압도적인 유망 섹터는 헬스케어다. 이 외에 금융·자산관리, 시설·재가 요양, 고령 맞춤 주거시설 등도 매력적인 후보로 거론된다. 정책으로 해결하기 어려운 세밀한 니즈 발굴과 혁신기술로 무장한 스타트업의 역할이 기대되는 바다.

헬스케어 비즈니스의 전제조건 몇 가지가 거론된다. 그동안 노년 욕구는 전형적인 B2G 사업이었다. 복지 · 의료 · 간병은 그 어떤 분야보다 정책 관련성이 크다. 따라서 공급 주체를 다원화하기 위한 정책, 욕구 해결을 위한 신기술, 혁신 장려를 위한 규제 완화, 마중물 투입을 위한 지원, 투자를 유인하는 정책금융 등 스타트업 생태계 조성이 권유된다. 고령산업과 인공지능이 연결된다는 점도 주목 포인트다. 의료 · 금융 · 교통 등의 수요와 AI의 연결고리도 자주 등장한다.

시니어 비즈니스는 퇴행성질환, 스트레스, 생활 불편, 이동 제한, 불충분한 노후준비 분야에서 경험을 쌓아 왔다. 앞으로 잠재력을 발휘할 후보로는 디지털 · 정보 격차, 사회관계 축소 · 고립, 평생교육 부족 · 격차, 맞춤 주거환경, 가족 갈등 등의 생활 항목이 우선순위로 잡힌다. 아직까지는 건강이 염려되지만(가시성), 갈수록 생활 측면이 강조될 것으로(확장성) 보인다. 초고령화에 따른 이슈와 트렌드 역시 시대 변화에 따라 달라질 수 있음이다.

📍 **고령화 관련 가시성 및 확장성 순위 비교**

	가시성(과거 5년치 보도 항목)	확산성(최근 빈도 증가 보도 항목)
1	퇴행성 뇌질환 (24,098건)	디지털 · 정보 격차 (23.6%)
2	정신적 스트레스 및 정신질환 유병률 증가 (12,675건)	사회관계 축소 및 고립 (23.6%)
3	일상생활 불편 (1,0836건)	평생교육 질적 · 양적 부족 및 기회 격차 (23.6%)
4	불충분한 노후준비, 노후빈곤 (1,0819건)	맞춤형 주거환경 부족 (15.7%)
5	사회관계 축소 및 고립 (1,0547건)	노인 주거복지시설 부족 (13.6%)

자료: HGI · 트리플라잇(2024)

다음으로, 한국사회 고령화 이슈를 장악하고 있는 항목은 무엇인지 알아보자. 고령인구의 삶을 세분화해서 가시성·확산성·심각성 등의 중요도를 정량분석한 결과를 보면, 뚜렷한 선순위 과제가 도출된다. 사회관계가 축소·고립되는 문제가 1순위에 올랐고, IT 강국임에도 불구하고 디지털과 정보 격차를 염려하는 시선도 많다. 정신적인 스트레스도 만만찮다. 정년퇴직·조기퇴직을 포함해 불충분한 노후준비도 우선순위가 높다. 만성질환과 신체·인지능력 저하도 걱정이다.

고정관념은 버릴수록 좋다. 시대변화가 물밀듯 들어오는 가속사회라면 더더욱 그렇다. 초고령화에 따른 노년 트렌드의 항목과 부머 경제학의 해

⊚ 고령화 이슈 톱 10

	고령화 이슈	비율(5점 만점)
1	사회관계 축소 및 고립	3.94
2	디지털·정보 격차	3.42
3	정신적 스트레스 및 정신질환 유병률 증가	3.36
4	이른 정년퇴직 및 조기퇴직	3.07
5	불충분한 노후준비(노후빈곤)	2.98
6	만성질환 유병률 증가	2.88
7	신체 제어 및 인지능력 저하	2.83
8	평생교육 질적·양적 부족 및 기회 격차	2.60
9	퇴행성 뇌질환	2.57
10	노인 주거복지시설 부족	2.41

자료: HGI·트리플라잇(2024)

결순위도 마찬가지다. 예전 노년과 요즘어른이 확연히 다른데 같은 잣대를 들이대면 공감도 안 되고 대응도 어렵다. 고령화 이슈 도표를 보면 이런 시대변화가 단적으로 확인된다. 전통적인 이슈들이 건재하지만, 중간중간 의외의 해결과제가 포진해 있다. 특히 2위에 오른 디지털 · 정보 격차와 퇴직불안, 평생교육, 주거 부족이 눈에 띈다. 특히 노년질환과 빈곤 노후를 제치고 1위에 랭크된 '사회관계 축소 · 고립'은 시사하는 바가 크다.

고립 이슈는 노년생활의 광범위하고 우선적인 트렌드일 확률이 높다. 노화에 따른 신체 변화보다 은퇴로 인한 관계 상실이 더 무섭다는 뜻이다. 정서적 지지를 위한 사회활동, 혹은 관계소비의 필요성이다. 소외감 대신 자존감을 채울 새로운 연결지점도 새로운 욕구로 부각한다. 사회관계망 조사에서도 이런 사실이 확인된다.

60대 이상을 대상으로 한 설문조사에서, 몸이 아파 집안일을 부탁할 경우에 도움받을 사람이 있다(70.3%), 갑자기 큰돈을 빌려야 할 경우 부탁할 사람이 있다(37.9%), 낙심 혹은 우울해서 대화 상대가 필요할 때 함께할 사람이 있다(73.1%)라고 응답함으로써 기타 연령대에 비해 사회적 관계망이 취약하다는 사실을 알 수 있다(2023년 통계청 조사).

고령화 이슈 2위에 오른 디지털 · 정보 격차도 초고령화의 대형 이슈다. 노년의 IT화는 불가피한 시대조류인데도, 노년인구의 디지털 정보 격차는 상당히 벌어지는 추세다. 실제 고령자의 정보화 수준(70.7%)은 전체 취약계층(76.9%)보다 낮다(2024년, 한국지능정보사회진흥원). 키오스크가 광범위하게 활용되고, 거의 모든 정보가 실시간 온라인으로 공유된다는 점에서 시니어의 정보 격차는 새로운 불평등과 양극화를 낳는다. 따라서 시니어의 온라인 접근성을 높일 방안을 모색해야 한다. 또한 부머세대의 집단퇴직 및 노년 진입에 따른 노인주거시설의 수급 불일치도 당분간 노년 이슈를 주도할 항목이 될 것이다.

액티브 시니어 시장 '4분면' 분석

복지 대상인 '케어 시니어'와 비교하면, 요즘어른으로 불리는 '액티브 시니어'는 안정적인 경제력과 활발한 소비력을 자랑한다. 그들의 경제적 능력은 확실히 파워풀하다. 시니어의 소득·자산 비율을 살펴보면 고소득·고자산이 2016년 54.2%에서 2021년 59.3%로 늘었다. 같은 기간 저소득·저자산은 33.8%에서 27.7%로 줄었다(소득과 자산으로 진단한 노인빈곤과 정책방향, KDI, 2023).

고령인구를 취약층(10%):중간층(80%):부유층(10%)으로 나누는 기준도 베이비부머의 대량 등장으로 변화를 맞고 있다. 80%의 중간층이 돌봄 대상에서 소비 주체로 전환될 확률이 높아서다. 이들의 잠재 니즈를 분석해 차별화된 제품·서비스를 제공한다면 시장을 초기에 선점하는 효과를 누릴 수 있다.

벤처투자자 인터뷰(FGI)를 통해, 시니어 산업의 영역을 4분면으로 설명한 도표를 살펴보면 이런 흐름이 뚜렷하다. X축은 산업 매력도이고, Y축

図表中のラベル:

- 사회문제/BM부족 **3**
- **1** 사회가치/경제가치
- 의료 및 건강관리 서비스 ●
- 의약품 제조 및 유통 ●
- 취업 지원 서비스 ●
- 소셜 네트워크 서비스 ●
- 의료기기 제조 및 유통 ●
- 평생교육 및 자기계발 ●
- ● 시설 및 재가 요양 서비스
- 문화 예술 및 스포츠 ●
- ● 주거복합시설
- 복지용구 제조 및 유통 ●
- 금융·자산관리 서비스 ●
- ● 모빌리티
- 뷰티 및 패션 ●
- 식음료 제조 및 유통 ●
- ● 여행 및 관광
- 장묘·장례·조문 관리 ●
- 일상수요/제한지출 **4**
- **2** 특정수요/부자노년

세로축: 이슈 중요도 (4.00, 3.50, 3.00, 2.50)
가로축: 산업 매력도 (2.50, 3.00, 3.50, 4.00, 4.50)

◎ 시니어산업의 영역별 중요도 및 매력도

은 이슈 중요도이다.

　도표의 ①은 이슈 중요도와 산업 매력도가 모두 높은 영역이다. 즉 사회 가치와 경제가치를 동시에 창출할 수 있는 분야로, 향후 시장에서 가장 유망한 테마가 될 것이다. 구체적으로는 △의료 · 건강관리 서비스 △의료기기 제조 · 유통 △의약품 제조 · 유통 △시설 · 재가 요양서비스 등이다. 항노화 트렌드를 볼 때 상당한 성과 창출이 기대된다. 세계 최대 자산운용사인 블랙록이 4조 달러 규모를 전통적인 수익형 투자에서 지속가능한 해결(사회문제)형 투자로 갈아탄 이유다.

②는 이슈 중요도는 낮지만 산업 매력도는 높은 영역으로, 소득과 자산이 많은 부자 노인이 주고객이다. 경제적 가치 창출이 크다는 점에서 고성장 산업으로 분류된다. 구체적으로는 △금융 · 자산관리 서비스 △주거복합시설 등이 해당된다. 4대 시중은행 고객 중 50대 이상이 44%를 차지하는 만큼 잠재력이 크다. 부머세대에 집중한 종합금융 · 자산관리가 '웰스매니지먼트'란 이름으로 자리 잡은 지 오래다. 곧이어 부머세대가 포진한 중산층을 타깃으로 한 주거모델도 급성장이 예상된다. 금융기관이 실버타운 사업에 뛰어들어 무한경쟁을 펼치는 배경이 이것이다. 앞으로는 보다 세분화된 맞춤형 주거모델이 제안될 것으로 보인다.

③은 이슈 중요도는 높지만, 산업 매력도는 낮은 영역으로 중장기적 투자와 모니터링이 권유된다. 구체적으로는 △소셜 네트워크 서비스 △평생교육 · 자기계발 지원 △취업 지원 등이 해당된다. 다만, 이들 사회문제가 심각해질수록 여기에 뛰어들 공급자는 늘어날 것이다. 특히 고령인구의 사회관계망 강화와 빈곤 해소 분야에서는 공공참여도 확대될 수 있다.

④는 중요도와 매력도가 모두 낮지만, 범용성과 영향력은 큰 영역이다. 이슈 · 산업 간 연계성을 잡아내면 사업 기회가 생길 것이다. 신사업의 후

보 영역이라 할 수 있다. 구체적으로는 △식음료 제조 · 유통 △모빌리티 △복지용구 제조 · 유통 △문화예술 · 스포츠 △뷰티 · 패션 △징묘 · 장례 · 조문 관리 △여행 · 관광 등으로 시니어 마켓의 범용 재화라 할 수 있다. 하나같이 일상생활과 밀접히 관련되어 있어, 잠재고객과 예비수요가 시간이 갈수록 늘어날 전망이다. 시대변화에 따른 새로운 '나이 듦'을 제시한다면 사업확장도 기대된다.

Chapter 04

밥, 몸, 집, 웰다잉

요즘어른 소비 화두 1

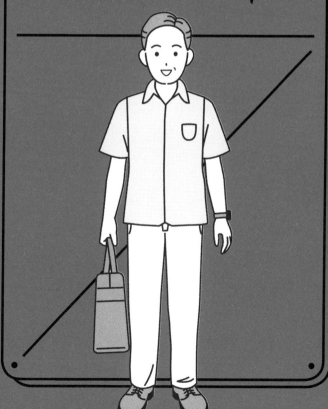

요즘어른의 5대 소비욕구,
필수에서 선택까지

살아남자면 변하는 방법뿐이다. 무한경쟁과 적자생존의 비즈니스가 만들어낸 철칙이다. 초고령화를 맞이한 한국시장이 생존을 넘어 성장하기 위해서는 거대 덩치의 고령 소비로 옮겨타야 한다. 고령 고객을 향한 축의 전환은 당위론에 가깝다. 생산·제조의 성장모형은 수명을 다했고 소비·서비스의 지속모델을 시작해야 하는데, 이것이 매력적인 연결 힌트가 된다. 게다가 유아에서 노인으로의 피벗 전환은 일회성의 현상이 아니다. 경제구조를 '개도국→선진국'으로 전환하는 국가들이 반드시 맞닥뜨려야 할 과정이자 잘 극복하면 대형 기회가 될 수 있는 과업이다. 메가 트렌드의 조건을 두루 갖췄다.

2025년 천만 노년의 시대가 개막했다. 우리에게 초고령화는 악재나 위기로 다가왔다. 인구변화와 제도 · 정책에 미스 매칭이 많은 한국은 더욱 심각하다. 딜레마에 직면한 증세 압박과 복지 약화, 뜨거운 감자인 연금 개혁이 실례다. 와중에 세계적 불황과 보호무역으로 제조 · 수출 · 재벌이라는 삼두마차가 이루어낸 압축 · 고성장 시대는 끝났다. 어디를 봐도 위기다. 우리에겐 돌파구가 간절하다.

필요한 건 역발상이다. 초고령화를 새로운 사업 기회이자 성장동력으로 뒤집어 활용하는 방식이다. 지금부터 초고령화를 신산업의 블루오션으로 전환시킬 몇 가지 아이디어들을 탐색해보겠다.

2025년 천만 노년 시대 개막

시니어 마켓은 있다. 물론 만만한 곳은 아니다. 30년의 쓸쓸한 실패 경험을 지닌 일본만 봐도 얼마나 공략하기 힘든 시장인지 알 수 있다. 철저한 고객분석과 영리한 욕구 만족이 맞물려야 성장산업이 될 수 있다. 시장은 예고되어 있다. 노후생활을 복지 · 부조형 정부 역할(B2G)로 관리하던 규제의 족쇄도 풀릴 판이다. 그렇다면 강력한 성장엔진이 탑재될 내수시장은 커질 수밖에 없다. 선진국처럼 소비 · 내수의 버전 강화와 지속 성장도 기대된다. 무엇보다 자산 · 소득이 탄탄하고 가치관이 다양한 신노년 그룹이 출현했다는 것이 가장 고무적이다.

그렇다면 요즘어른의 소비 욕구는 어떻게 발굴하고 규정해야 할까? 최대한 수미쌍관의 논리성과 일목요연한 밸류체인을 염두에 둔 접근방식이 좋다. 모든 욕구와 비즈니스, 시장이 촘촘히 연결되어 있듯, 특정 분야의 전문 섹터라도 상단과 하단의 연결수요를 장악해야 최적의 가치를 제공할 수 있다. 출발과 도착이 동일선상에서 연결되는 논리체계로 비즈니스를 확장하고, 고객의 욕구를 단계별로 정리해야 맞춤형 효용을 제공할 수 있다는 뜻이다.

이때 유효한 방식이 '필수재↔사치재'라는 사고체계다. 소비자의 욕구도 이 범주에서 벗어나지 않는다. 기본 욕구를 해결해야 그다음의 가치지향적 제품·서비스로 눈을 돌리는 까닭이다. 요즘어른의 행동반경과 생활범위를 감안할 때, 시니어 마켓은 반복적인 '필수욕구'와 추가적인 '과시욕구'로 구분할 수 있다.

노화에 따라 필수재의 종류와 수준이 달라지긴 해도, 기초 의식주는 변함이 없다. 이런 기초재화의 경우 가격탄력성이 낮고 생애 전체에 걸쳐 반복 구매된다. 은퇴 이후 안정적인 소득확보가 어려워지면, 전체 소비 중 필수재의 지출 비중이 커지게 된다. 실제 고령가구의 지출을 분석해보면 의식주(필수재) 비중이 상당하다. 여기에 의료·간병 등 새로운 필수 소비까지 가세하면 생명 유지와 직결된 수요가 전체 소비 중 절대 지분을 차지한다.

그런데 젊었든 늙었든 밥만 먹고 살 수는 없는 노릇이다. 어느 세대나 사치재란 것이 존재한다. 의식주의 가치가 인류 필수이듯 차별적인 욕망

실현도 인간의 본능이다. 갈수록 빈부격차가 벌어지는 상황에서, 사치재는 나와 남을 구별하는 중요한 상징이다. 물론 의식주만큼 기본적이고 보편적이진 않다. 특히 장기적 저성장 국면에 들어갈 향후 한국사회에서 소득증대는 일부의 전유물이란 점에서 사치재의 소비인구는 줄어들 수밖에 없다. 다만 현역생활을 연장하려는 욕구가 강한 요즘어른의 부상이 사치재에 대한 구매욕구를 강화할 전망이다.

요즘어른의 소비시장은 그들의 욕구와 치밀하게 연결되어 형성될 것이다. 지금처럼 재화 성격별로 듬성듬성 관련 시장이 펼쳐지기보다 소비 니즈에 따라 단계적으로 접점을 가지며 확대되는 양상을 보일 것이다. 요약하면 '필수재→사치재'로의 소비 확대다. 이때 두 요소의 사이 구간에 요즘어른의 소비욕구가 단계별로 실현될 수 있는 재화 품목이 위치한다.

물론 필수재·사치재를 양극단에 놓을 필요는 없다. 사업모델에 따라 우선순위와 가중치를 둘 수는 있지만, 미시수요의 거대집합인 요즘어른을 감안하면 유연한 사고체계가 권유된다. 필수재이지만 사치재의 성격을 가미할 수도, 사치재이지만 필수재의 여지를 둘 수도 있어서다. 그래야 시장이 열리고 소비도 커진다. 요즘어른이 가세할 달라진 시니어 마켓은 필수재와 사치재의 스펙트럼이 점점 넓어질 것이다.

5단계 욕구이론과 필수재 vs. 사치재

이를 뒷받침하는 이론도 있다. 인간 욕구는 위계적, 계층적 질서를 갖는 다는 매슬로A. Maslow의 욕구 이론A theory of human motivation이다. 하위단계 의 욕구 충족이 상위계층의 욕구 발현을 추동하면서 점차 욕구가 확대된 다는 것이 요지다. 이는 대개 피라미드로 그려지는데, 가장 밑바닥부터 생 리욕구, 안전욕구, 애정(공감)욕구, 존경욕구, 자아실현욕구 등으로 정리된

⊙ 요즘어른의 욕구 5단계별 소비키워드

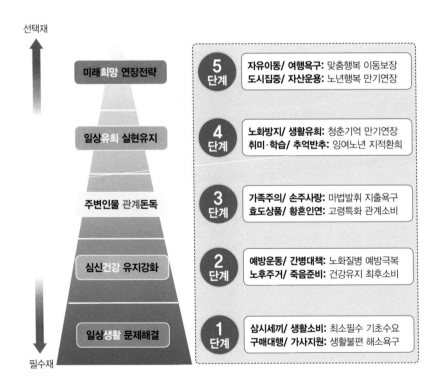

선택재

미래 희망 연장전략

5단계
자유이동/ 여행욕구: 맞춤행복 이동보장
도시집중/ 자산운용: 노년행복 만기연장

일상유희 실현유지

4단계
노화방지/ 생활유희: 청춘기억 만기연장
취미·학습/ 추억반추: 잉여노년 지적환희

주변인물 관계돈독

3단계
가족주의/ 손주사랑: 마법발휘 지출욕구
효도상품/ 황혼인연: 고령특화 관계소비

심신건강 유지강화

2단계
예방운동/ 간병대책: 노화질병 예방극복
노후주거/ 죽음준비: 건강유지 최후소비

일상생활 문제해결

1단계
삼시세끼/ 생활소비: 최소필수 기초수요
구매대행/ 가사지원: 생활불편 해소욕구

필수재

다. 지금부터 요즘어른의 달라진 욕구를 매슬로 이론에 맞춰 5단계로 살펴볼 계획이다. 다소 작위적 구분이긴 하지만, 개별 비즈니스의 특징과 한계를 이해하고 나아가 확장할 수 있는 힌트를 얻어낼 수 있다는 점에서 나쁘지 않은 접근이다.

우선 생리욕구는 의식주와 직결된 필수재의 영역이다. 그다음 안전욕구는 신체, 고용, 재산, 가족, 건강 등 일상생활을 위한 기초적인 키워드가 포함된다. 안전한 삶을 위해 꼭 필요한 영역이다. 여기까지가 사실상 필수재에 해당한다. 다음 단계인 애정(공감)욕구부터가 선택영역에 들어간다. 애정(공감)욕구 항목은 대개 우정, 가족 등 소속감과 네트워크로 정리된다.

존경욕구는 삶의 질과 직결되는 자기평가, 신뢰, 달성, 상호존경 등의 영역으로, 남들로부터 인정받기 위한 소비로 연결된다. 마지막 자아실현욕구는 최고단계답게 도덕성, 창조성, 자율성, 과제해결, 공평성, 수용성 등 사회적 가치의 실현으로 자아를 찾아가는 일련의 소비활동을 의미한다. 5단계 피라미드 중에서 애정(공감)욕구부터는 재화 성격으로 구분할 때 사치재(선택재)에 가깝다.

지금부터 요즘어른이 소비활동을 펼칠 시장을 5가지로 구분해 살펴보겠다. 은퇴생활자의 상황별 소비 니즈를 5단계 욕구이론과 접목시킨 사적인 실험사례 및 분석 결과임을 밝혀둔다. 다만 선행사례를 장기간에 걸쳐 관찰하고 연구한 결과로 최대한 가치중립적인 접근을 지향했다. 연구 결과, 각 단계별로 비교적 구분되는 시장영역이 있음이 확인된다. 필수재·사치재를 극단적으로 구분했던 일본의 시행착오를 반영했음은 물론이다.

욕구이론과 시니어 마켓의 소비지점을 연결해보면, 단계별 진행 방향에 따라 '생리욕구=생활해결', '안전욕구=건강추구', '애정(공감)욕구=관계돈독', '존경욕구=유희실현', '자아실현욕구=희망확장'으로 정리할 수 있다. 즉 시니어 마켓의 단계별 소비 이슈는 '생활해결→건강추구→관계돈독→유희실현→희망확장'의 순서로 생성되고 확장된다. 1단계에 가까울수록 범용성이 높고, 5단계로 진행할수록 선택성이 강조된다.

요즘어른의 욕구단계 중 1단계는 가장 일상성이 높고 생존 욕구와 직결되는 '생활해결' 소비수요다. 누구도 회피할 수 없는 기초적인 생활소비에 해당한다. 최소한의 인간적 기초수요답게 노노老老 격차와 무관하다. 주로 삼시세끼 등 먹는 문제와 생활공간에서의 불편·불안·불만 장벽을 해소해주는 생활밀착형 제품과 서비스가 여기에 속한다. 키워드로 정리하면 삼시세끼, 구매대행, 안부확인, 가사대행이다.

요즘어른의 20개 소비 화두

2단계는 늙어감에 따라 발생할 수밖에 없는 신체 및 죽음과 관련된 영역이다. 요컨대 건강Health으로 수렴되는 소비 욕구다. 고령집단의 건강을 둘러싼 관심사는 생각보다 폭넓고 깊다. 중년세대가 노후대책을 앞당겨 준비하는 경우도 많다. 1단계 이슈와 비슷하게 비켜설 여지가 없기에 범용적인 재화 영역으로 판단된다. 특히 평균수명과 건강수명이 10년 정도 차이가 난다는 점에서 2단계 시장은 현재뿐 아니라 미래까지 우호적인 환경이다. 일본은 물론 한국에서도 이미 의료·간병 시장은 시니어 마켓의 절대지분을 자랑한다. 가족 부담을 덜고자 스스로 죽음을 준비하는 적극적인 고령인구도 주목된다. 키워드로는 예방운동, 간병대책, 전용주택, 사후준비가 2단계에 속한다.

1단계와 2단계 욕구가 충족되었다면, 관심사는 자연스럽게 애정(공감)욕구로 옮아간다. 3단계는 관계Relation의 영역이다. 여기서부터가 비교적 경제적 여유를 갖춘 중산층 고령인구에게서 확인되는 욕구다. 1~2단계는 필수적인 소비지출에 가깝지만 3단계부터는 본인 및 가족의 가치 추구를 뒷받침하는 확장형 선택영역으로 넘어간다.

그렇다고 금전 능력이 3단계 진입의 필수조건은 아니다. 일부의 경우, 3단계의 연결 안전망을 촘촘하게 다져 1단계(생활)와 2단계(건강)를 실현하기도 한다. 혼자 외롭고 불안하게 살기보다 가족연대를 통해 생활과 건강까지 확보하는 방법이다. 유교문화권인 한국에서 특히 그 정합성이 높다. 3단계의 소비 욕구는 가족주의, 손주사랑, 효도상품, 황혼인연 등의 키워드로 정리된다.

4단계는 유희Play를 소비하는 영역이다. 외부로부터 인정과 존경을 받고, 유희적 쾌락을 즐기려는 소비지점이다. 당연히 이를 뒷받침해줄 일정 수준의 경제력은 필수다. 향후 시니어 마켓이 본격적으로 성장하기 위해서는 4단계부터가 매우 중요하다. 한국의 경우, 4단계 욕구 시장이 초보 수준이다. 여유롭게 노후를 즐기며 생활유희를 실현하는 고령인구가 매우 적고 관련 소비를 주도할 시장 주체도 빈약하다. 요즘어른 중에서도 신입 부머인 70년대생이 전면에 등장할 10년 후쯤 되면, 노년 유희의 적극적 채택을 통한 4단계 시장이 조성될 것으로 보인다. 유희소비의 키워드는 노화방지, 생활유희, 취미학습, 추억반추다.

마지막 5단계는 시니어 마켓의 최종 도달지점이다. 본격적인 고령사회의 개막과 함께 관련 수요가 적극적으로 개발되고 공급체계가 재정비된다면, 5단계 이상의 추가적인 소비 욕구가 제안될 수도 있다. 다만 시장 초기인 현재로서는 5단계조차 실제 소비가 별로 없는 미개척시장에 가깝다. 은퇴 이후 중산층에서 빈곤층으로 전락하는 사례가 많은 사회에서는 더더욱 기대하기 힘들다.

그럼에도 준비는 해야 된다. 요즘어른을 필두로 자산 여력 및 소득 기반을 갖춘 후속 노년이 속속 은퇴자로 진입하기 때문이다. 은퇴 이후, 의식주의 필수시간을 뺀 여유시간이 10만 시간에 달한다는 점에서 자아실현을 통한 희망Dream 실현은 갈수록 강조될 수밖에 없다. 소비 키워드는 이동권리, 여행욕구, 거주이전, 자산운용으로 주관적 행복감이 확인되는 영역이다.

5단계 욕구별로 4개씩의 키워드를 제시했다. 총 20개의 새로운 비즈니스 영역이 확인된 것이다. 지금부터 하나씩 자세히 풀어보겠다.

1단계

생활*Life* 욕구,
살아야 하니까

삼시세끼: 요즘어른의 밥

최근 '아침밥'이 고급 아파트의 상징이 되었다. 조식 서비스가 있는 아파트 단지를 모두 부러운 시선으로 바라본다. 이는 반짝유행일까 아니면 메가 트렌드일까? 후자일 확률이 높다. 조식 서비스가 출현한 배경에 요즘어른이 있기 때문이다. 이들은 불편하고 힘들어도 직접 해먹는 게 운명이라 여긴 선배 노년의 삼시세끼를 거부한다. 기꺼이 돈 내고 아침밥을 사먹겠다는 태도다. 아파트 단지의 조식 서비스 배경에 요즘어른이 있다는 점에서 관련 비즈니스는 더욱 확장될 전망이다.

외식문화는 현대사회의 일상 풍경이지만, 그동안 노인에게는 예외였다.

하지만 시대가 변했다. 특별한 이유 없이 밖에서 밥을 사 먹는 라이프스타일을 현역시절부터 채택한 것이 요즘어른이다. 나이를 먹을수록 한 끼는 힘겹고 외로운 일상 숙제에 가깝다. 귀찮다고 건너뛸 수도 없으니, 삼시세끼는 중차대한 기본욕구로 부각될 수밖에 없다. 필수품이자 범용재란 점에서 1단계 생활욕구의 핵심의제 중 하나다.

아침밥은 시니어 마켓의 새로운 욕구가 확인된 상징적 사례로 꼽힌다. 초고령화로 비즈니스를 하려면, 이렇게 반복수요가 생기는 욕구를 발굴해야 한다. 실제로 아침밥 비즈니스는 갈수록 확대될 전망이다. 입주 편의를 넘어 생활의 질을 높이는 요소로 부각되면서, 부동산업계의 신 트렌드로 자리매김하는 중이다. 호텔급 다이닝 서비스가 고급 아파트의 새로운 기준으로 대접받고 있다. 입소문이 거세지자 도시락 배달서비스로 고객의 눈높이를 맞춘 확대 사례도 목격된다.

채소가 먹고 싶다, 식품 사막화

아침밥 비즈니스의 추동 엔진은 요즘어른의 노년 진입이다. 비용, 품질 등 해결해야 할 문제가 많지만, 요즘어른의 본격 수요가 가시화되면 다양한 메뉴 및 고품질 서비스가 기대된다. 먹고사는 것보다 중요한 일은 없다. 무차별적이고, 비배제적이며 비경합적인 필수욕구에 기반한 이런 비즈니스가 축소되고 사양화될 일은 없다. 삼시세끼야말로 강력한 독과점

생활수요다. 소수 고객이 절대 매출을 책임지는 VIP 시장은 아니지만, 절대다수의 반복구매로 이루어진 탄탄한 알짜 시장이다. 실제로 빈도·가격에 영향을 덜 받는 비탄력적인 필수시장은 가장 저변이 넓고 구매가 지속되는 안정적인 비즈니스로 평가된다.

20년 구간의 1,700만 요즘어른이 5070세대에 진입했다. 이들이 평균수명까지 먹어야 할 끼니를 계산해보면 얼마나 파워풀한 시장이 열리는지 알 수 있다. 이미 65세를 넘긴 고령인구만 1,000만 명이다(2024년 7월). 생활 주변의 독점기업을 고집하며 고수익을 실현해온 워렌 버핏은 '밥'과 관련된 주식은 절대 팔지 말라고 조언했다.

다만, 그냥 밥으로는 부족하다. 요즘어른의 키워드가 투영된 삼시세끼일 때 전투력이 강화된다. 즉 고령 친화적인 밥으로의 진화다. 요즘어른이 현역을 지향한다는 사실을 잊지 말고, 삼시세끼를 둘러싼 고급화와 세분화를 실험해야 한다. 일상 소비재 기업들의 혁신 시도에서 배우는 방법도 있다.

늙고 쇠약해지는데 이동에 제약까지 받으면 돈이 있어도 원하는 것을 확보하기 힘들다. 요컨대 '구매난민' 이슈인데, 일본에서는 2010년대부터 '또하나의 노인 문제'로 불리며 심각성이 강조되어 왔다. 일본의 쇼핑 약자는 4명 중 1명으로 추정된다. 마트·편의점·할인점 등이 집에서 500미터 이상 떨어져 있고 차량 이용이 어려운 경우를 말하는데, 2023년에 구매난민이 900만 명을 넘어섰다고 한다. 점포 폐업에 대중교통 노선 폐지가 일상적인 지방에서 특히 심각한 문제다.

구매 난민은 한국에서도 본격화될 조짐이다. 생활 인프라의 붕괴 탓이다. 동네 상권이 붕괴되어 삼시세끼와 직결된 생필품을 적시에 구하지 못하는 경우가 많다. 생선, 정육, 채소, 과일 등 신선 식재료 취급 점포도 많이 줄었다. 이렇듯 식품 사막화에 노출된 계층은 대부분 고령인구로 취합된다. 서울에서조차 초고령화에 따른 쇼핑 약자가 존재한다. 이런 문제는 가랑비에 옷 젖듯 천천히 생존 기반을 침식한다. 그럼에도 행정순위에서는 뒤로 밀린다. 의료·간병처럼 죽고 사는 문제는 아니란 이유에서다.

현역은 할인점, 노년은 편의점

대형할인점에서 쇼핑하는 사람은 본인이 원할 때 먹거리를 구할 수 없다는 공포가 체감되지 않는다. 하지만 나이는 이 모든 걸 순식간에 뒤집어버린다. 대형할인점은 가족 소비가 전제된 현역 유통망의 상징으로, 규모의 경제를 집적시킨 공간이라 할 수 있다. 단 이동권을 가진 현역세대에 해당한다. 한 번 장을 봐서 1~2주일 먹을 음식을 쟁여두는 형태다. 그러다 보니, 대부분의 고령인구가 구매 난민으로 전락한다. 그 틈새를 현대판 보부상인 트럭 행상이 대체하는 모습도 목격된다.

초고령화와 대형할인점은 양립하기 어렵다. 운 좋은 일부를 제외하면, 할인점의 사각지대에 놓인 노년집단이 대부분이다. 이를 보완·대체해줄 아이디어가 있다면 훌륭한 비즈니스가 될 수 있다. 강력한 후보는 편의점이다. 편의점이 고령인구의 생활 안전망이자 없어서는 안 될 생존물품 공급기지로 등장했다. 이미 너무 많다는 포화 논쟁까지 있었으나, 점포 숫자는 56,500개까지 늘었다(2024년). 일본이 2,000명당 1개인데, 한국은 900명당 1개로 매섭게 세를 넓혔다. 편의점은 이미 지역상권의 패자覇者로 올라섰다. 요즘어른이 등장하면서 이런 추세는 더 강화될 분위기다. 편의점의 변신과 요즘어른이 합을 맞추고 있어서다.

편의점의 전략변화는 구매난민의 해소뿐 아니라 요즘어른의 지향과 일치한다. 삼시세끼라는 기초욕구에 충실한 먹거리를 보강하면서부터다. 즉 인스턴트식품에서 신선식품으로 라인을 넓히면서 노년 건강의 위협요소에서 우군으로 변신했다. 도시락을 필두로 외식과 내식의 경계선인 간편식을 강화해 요즘어른의 생활 자립을 돕는다. 업계는 가격장벽을 낮추고 특화된 상품·서비스를 늘리면서, 요즘어른을 단골고객 명단에 올렸다.

원래 편의점 주력 고객은 어렸다. 젊음을 내세워 차별전략으로 성장해온 것이 편의점 아닌가. 청년에 맞춘 입지, 상품, 진열이 원칙이었다. 야간 활동이 많은 3040세대 남성이 충성고객으로 분류됐다. 그러던 것이 노인·여성·청소년으로 고객 유형을 확장했다. 특히 공을 들이고 있는 핵심 타깃이 요즘어른이다. 편리·근린이란 편의점의 특징과 재택·근린 지향의 요즘어른 라이프스타일이 일맥상통하기 때문이다.

일본 편의점의 히트상품 1위는 고령인구가 선호하는 주먹밥일 정도다. 빵과 도시락이 뒤를 잇고, 냉동조리식품, 디저트, 만두, 어묵 등도 인기란점에서 삼시세끼 테마는 강조될 수밖에 없다. 대세는 혼합형이다. 집에서 만든 밥과 반찬에 편의점 메뉴를 조합하는 형태다. 고령여성뿐 아니라 고령남성의 신선식품 구매 빈도도 증가하는 추세다.

요즘어른의 눈높이를 맞출 때 편의점의 미래는 밝다. 일단 신선식품 중심의 라인업 강화가 필수다. 고령고객이 선호하는 도시락과 반찬 수요가 그렇다. 노인 고객용 간편식 메뉴도 늘리는 게 좋다. 독신 노년이 늘면서 도시락 의존도는 높아질 수밖에 없다. 당뇨식·감염식·환자식 등 욕구별 제품 출시도 요구된다. 인스턴트음식과는 결별이다. 유기농, 혹은 인접 지역에서 재배된 농수산물을 재료로, 영양을 잘 계산한 건강식을 내놓는 게 권유된다. 과일, 채소, 두부 등 신선도가 생명인 민감한 상품도 커버해야 한다.

구매대행: 다 사드립니다

거대인구인 요즘어른이 편의점의 성공 여부를 가를 변수라고 해도 과언이 아니다. 실제로 편의점은 일본을 필두로 미국, 유럽, 동남아까지 지역 특수성을 반영한 특화 경영에 나섰다. 같은 브랜드 안에서 잠재고객별 다양한 상품을 내놓는 구조다.

강력한 조류 중 하나는 친고령화다. 백화점·할인점 등 전통 강자를 제치고, 편의점이 유통업계의 핵심으로 부각한 데는 요즘어른을 향한 편의점의 '선택과 집중' 전략이 있다. 일본에서는 편의점을 노인 점포로 개편하려는 움직임까지 있다. 로손은 노인 친화적인 점포를 장기적으로 20%까지 늘릴 계획이다. 시험 운영을 해보니 꽤 짭짤한 성과가 나온 덕분이다. 틀니 세정제와 염색약 등 신상품 진열이 부쩍 늘었다. 노인 점포까지는 아니더라도 공간을 노인 친화적으로 바꾸는 건 일상적이다. 휠체어가 다닐 수 있도록 통로를 넓히고 진열 선반을 낮추는 등의 방법이다.

편의점에 휴식용 안마의자가 설치된 곳도 등장했다. 소외·고립의 심리 불안을 해소하고 마음 편히 대화할 교류 공간도 만든다. 재래시장 상인이 단골손님과 시시콜콜한 얘기를 나누는 풍경과 비슷하다. 혈압계를 상비해 둔 곳도 있다. 문의·민원을 들어주고 직접 해결·중개하는 서비스도 시험하고 있다. 중고령 직원을 배치해 고령층과 소통하게 하기도 한다. 편의점에 쇼핑 카트를 마련한 곳도 있다. 행정서비스(증명서 신청, 세금 납부 등)를 비롯해 간병 정보 등을 제공하는 곳도 있다. 물론 한계는 있다. 채산성이다. 특히 추가 비용을 투입해 기존 편의점의 인테리어를 바꾼다면 상당한 부담 요소다. 한정된 공간에 고령자를 위한 시설을 갖추려면 진열 공간이 부족해지기 때문이다.

편의점에 카트까지, 편의점이 배달까지

그럼에도 편의점은 거대인구의 일상 지원 공간으로서 성장조건을 두루 갖췄다. 고령노인의 1단계 생활욕구를 두루 해소할 수 있는 곳이어서다.

그리고 그 흐름은 '구매대행'으로 집중된다. 배달 시스템이 워낙 잘 갖춰진 한국이지만, 생활 지원의 전초기지로서 신속·정확한 대행을 해줄 수 있기 때문이다.

삼시세끼를 빼도 고령생활의 불편은 많다. 건강했을 때는 전혀 문제로 인식하지 못하다가, 신체가 쇠락하면 생활 곳곳에서 난관과 장애를 만난다. 대략 75세부터 유병노후가 시작된다면 요즘어른 1,700만 명이 겪을 생활 불편은 2030년 전후에 심화될 전망이다. 공동체가 무너지고 이웃 간 교류가 사라진 아파트 생활을 감안하면, 제아무리 요즘어른이라도 생활 불편은 치명적이다.

노후의 거동 불편은 24시간 집안에 갇힌 생활로 이어진다. 외부 관심마저 끊기면 고립무원이다. 이때 고령고객의 기초수요 중 유력한 게 구매대행이다. 음식뿐 아니라 일상 제품을 대신 구매해주는 것이다. 구매대행, 즉 구매·배달 서비스는 시장 잠재력이 대단하다. 몸이 불편한 노인 세대를 찾아가 새로운 수요를 발굴·제공할 수 있다는 확장력도 겸비했다. 생활밀착형 구매대행 서비스는 품목과 영역을 확대하는 중이다.

'편의점=고령자'의 등식은 구매대행에서 완성된다. 일본의 편의점들은 고령자로 피벗을 전환했다. 고령자 눈높이에 맞춰 라인업을 강화했고, 구매대행 서비스도 보강했다. 세븐일레븐은 고령자용 기저귀까지 판다. 잡지도 취미, 건강 주제로 바뀌었다. 독거노인의 생활에 맞춰 채소와 과일의 소분 판매도 이루어진다. 도시락부터 일상용품까지 배달서비스도 기본이다. 도시락은 칼로리와 영양분을 고려해 매일 새로운 구성으로 배달된다.

약 2,000가지 상품을 무료로 배달해준다고 한다. 고령자에 한해 전구 교체, 가구 이동, 대형쓰레기 반출, 에어컨 청소 등의 서비스도 붙는다.

세븐일레븐의 '세븐밀'은 도시락을 비롯한 500엔 이상 상품의 무료배달 서비스다. 직원이 고령고객을 정기적으로 방문해 안부를 확인하는 사회공헌형 서비스까지 적극적으로 채택했다. 직접 보고 고르라는 차원에서 이동판매까지 진출했다.

사실 이동판매의 원조는 편의점 로손이다. 구매난민의 잠재수요에 주목한 로손은 이미 식품·일상용품을 실은 이동판매 차량을 도입했다. 아직은 농촌지역을 대상으로 실험 중이지만 점차 도시지역으로 확산될 전망이다. 개별 점포를 서비스 기지로 활용하면 보다 정밀한 서비스가 가능할 것으로 보인다.

포노사피엔스, 요즘어른의 클릭 주문

배달서비스는 채산성이 문제다. 대량구매도 아닌데 일일이 배달하자면 추가적인 인력 확보가 불가피해서다. 그런데 편의점 훼미리마트가 재미난 아이디어를 냈다. 신문보급소와 제휴해 택배서비스에 나선 것이다. 수요는 있는데 배달망이 없는 편의점, 배달망은 있는데 수요가 마땅찮은 신문보급소가 연대했다. 한국에서는 1만 배달망을 갖춘 야쿠르트 아줌마(프레시 매니저)가 있다. 한국야쿠르트는 유산균음료뿐 아니라 식료품의 정기 배달에 뛰어들었다. 2023년 봄부터 규제가 완화되어 삼겹살, 면도기, 화장품, 신용카드 등까지 대행해줄 수 있게 되었다. 지자체와 협업해 취약계층에 필요한 물품도 배달한다. 제휴업체가 늘수록 구매대행의 규모와 빈도는 확대된다. 식품의 구매대행은 더 이상 별난 일이 아닌 게 되었다.

모두에게 해당되는 1단계 생활욕구를 위한 구매대행은 전망이 밝다. '직접'이 힘든 모든 제품과 서비스가 구매대행의 잠재 후보다. 쿠팡, 카카오, 알테쉬(알리 · 테무 · 쉬인) 등 유통을 업으로 하는 이커머스 업계가 잠재고객

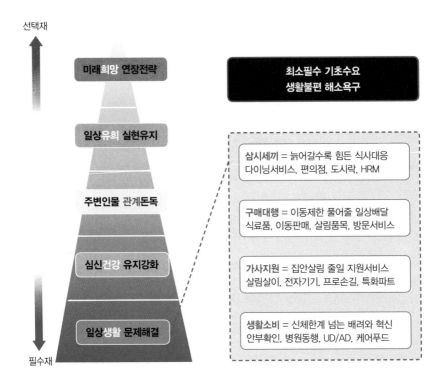

요즘어른의 1단계 생활욕구 소비키워드

을 장기간 분석해 새로운 업태에 진출하는 것도 같은 맥락에서 이해된다. 빅데이터로 니즈를 확인한 후, 관련 사업을 전개하는 수순이다. 결국 인터넷과 디지털에 익숙한 요즘어른에게 특화된 서비스는 이커머스 업계의 핵심 전략 중 하나다. 요즘어른이 원하는 모든 것을 대행해주는 형태로 유통 생태계가 바뀌고 있다.

가사지원: 살림을 부탁해

요즘어른은 분업모델에 익숙하다. 노동집약형의 분업경제를 경험한 까닭이다. 집 안팎의 어지간한 유지보수는 스스로 해결했던 선배세대와 구분된다. 현역 시절부터 전문가에게 일을 맡기는 것에 거부감이 없다. 특히 신기술이 적용되는 분야라면 노동력을 구매하는 것이 합리적이라 여긴다. 실제로 분업의 효용은 생활 전면에 반영되어 있다.

핵심은 대행 수요다. 생활 전반의 불편 · 불만 · 불안을 해결하는 방법이 외부화, 시장화된다는 의미다. 신체 취약성으로 가사를 유지하기 힘든 고령인구의 대량 등장으로 대행 시장이 활성화되고 있다. 대표적인 수요가 가사 업무다. 선진국 중에 가사 대행업이 성장하지 않은 곳은 없다. 인식이나 문화에 따라 어디까지 살림을 맡길 것인지가 관건이지만, 갈수록 대상과 빈도가 확장된다는 방향성은 한결같다. 요즘어른의 초고령화가 본격화되면 가사대행의 성장률이 높아질 전망이다. 현재 흐름으로 볼 때, 가사

대행 관련한 정부의 규제 철폐도 가시화될 수밖에 없다.

가사대행은 서비스와 제품으로 나뉜다. 서비스는 전문인력이 가사용역을 공급하는 형태이고, 제품은 요리, 청소, 설거지를 대신해줄 전자제품과 도시락, 밀키트 등이 해당된다. 실제로 관련 제품 출시가 붐이다. 로봇청소기, 식기세척기, 건조기 등을 필두로 가공식품, 냉동식품은 필수품목이다. 택배 서비스와 맞물린 중간 가공식품도 마찬가지다. 트렌드는 변하고 있다. 예전엔 직접적인 노동 대행보다 특화제품을 통한 간접적인 대행이 많았다. 사람을 부르는 가사대행이 낯설었기 때문이다. 앞으로는 이 흐름이 역전될 전망이다. 로봇청소기든 건조기든 한계가 있기 때문이다. 사람을 완벽히 대신할 수는 없음이다.

사람을 대행할 기계는 없다

대행 사업의 영역은 확장 중이다. 연말 대청소처럼 단발적 이용이 아닌 고정수요가 늘었다. 욕실 청소처럼 맞벌이 여성을 위한 일상적인 가사 대행부터 결혼 선물, 출산 선물, 노부모 선물로까지 활용된다. 만족도는 높다. 청소 전문 기구와 전문가의 노하우는 확실히 효율성이 높다. 단순 대행이라기보다 고품질의 가사 욕구로 해석된다. 정부도 생활지원 서비스 산업이란 포괄적 정의로 음식 · 세탁 · 청소 · 쇼핑 등의 대행 서비스에 주목한다. 일반 대행서비스와 특정 작업에 특화된 서비스는 물론 식품, 일용품 등의 택배 서비스까지 아우르는 신시장으로 규정된다.

대행 서비스의 공급자도 다양화되고 있다. '가사=여성'의 틀을 깬 남성 스태프의 등장이 그렇다. 가구 이동, 대형쓰레기 처리 등 힘이 필요한 가사가 많고, 여성 스태프에게 살림을 오픈하고 싶지 않은 미묘한 심리 탓이다. 덕분에 다양한 서비스가 가능하도록 라인업이 강화되었다. 금액별, 성별, 품목별 맞춤 서비스의 등장이다. 새로운 고객의 출현은 새로운 시장의 창출을 의미한다. 신규 진입과 경쟁이 이루어지면 가격도 떨어질 것이다. 대행 서비스의 인기는 청소, 요리, 설거지, 빨래 순으로 나타난다.

만족도는 높은데 이용율이 낮다는 게 문제라면 문제다. 가격 부담과 심리적 저항 탓이다. 아무래도 타인이 내 집에 드나드는 것 자체에 거부감이 있어서다. 아직은 제품형 가사대행의 선호가 높지만 앞으로는 달라질 전망이다. 요즘어른의 초고령화에 맞춰 선제적으로 대응할 것이 권유된다.

고무적인 사업모델이다 보니 출사표가 잇따른다. 사업 연관성이 있는 기존 업체는 물론 유통, 가전, 부동산, 통신 업종까지 속속 가세한다. 지역 단위 소규모 자영업 창업 사례도 숱하게 관찰된다. 공급 주체의 다양화는 시장의 성장을 견인한다. 신규 서비스를 통한 라인업 강화는 물론 서비스의 품질향상에도 긍정적이다. 서비스 항목 세분화는 입소문을 타며 확대되는 추세다.

일본의 가사대행 시장은 경쟁이 치열하다. 매출액 200억 엔대의 1위 업체 다스킨ダスキン은 서비스 범위가 넓다는 것을 내세운다. 청소부터 세탁, 요리, 쇼핑 등 생활 전반의 대행 업무를 수행한다. 2위인 하세가와코산長谷

川興産은 청소 대행 프랜차이즈 확대에 사활을 걸고, 청소 특화 No.1을 위해 다양한 부가서비스를 갖췄다.

다른 업종의 진입도 빈번하다. 물류업체 '센코', 부동산개발업체 '프로퍼티에이전트', 인재파견업체 '퍼스나'도 관련 서비스를 출시한다.

생활불안: 신체 한계를 보듬는 기술

노년은 안전욕구가 강하다. 신체·정신적 불안을 해소하려는 수요는 물품이든 서비스든 제법 잘 먹혀든다. 게다가 의료·간병을 자택에서 해결하려는 의지도 높다. 몸이 아프더라도 일상을 유지할 수 있도록 도와주는 것이 1단계 생활욕구의 한 축이란 얘기다. 집에서 노년을 보내기 위해서는 공간 재설계가 필수다. 문턱을 없애고, 조명을 조정하고, 낙상 방지 손잡이를 설치하는 등이 이에 해당한다.

스마트폰과 로봇 등의 신기술을 고령자의 안부를 확인하는 데 이용할 수 있다. 혁신기술로 비용을 절감하고 잠재 소비를 끌어올리는 것이다. 신기술과 결합된 독창적 서비스도 속속 개발되고 있다. 예를 들면 수면의 질과 기상 행동을 알려주는 침대다. 침대에 부착된 센서가 무선 랜으로 데이터를 보내고, 이는 자녀나 공무원들의 단말기로 전송되는 시스템이다. 실시간으로 상태를 확인할 수 있고 일상생활의 규칙성을 파악해 만일의 사태에 대비할 수 있다. 요양원 등 시설 수요도 충분하다.

노년의 눈높이에 맞춘 안전 · 안심 설계는 표준 스타일로 안착될 전망이다. 신체 한계를 반영한 디자인이 생활 현장 곳곳에 도입되고 있다. 신체 한계를 커버하는 콘셉트의 확대 적용이다. 악력 저하에 맞춘 스위치와 손잡이, 근력 저하를 반영한 휠체어와 로봇, 시력 저하에 맞춘 조명기구, 지각 능력 저하에 맞춘 가전제품 등이다. 이는 의료 · 간병 분야뿐 아니라 전체 산업에 적용된다. 단순히 장애를 제거한다는 배리어 프리Barrier-Free 개념에서 한 발 진보한 어세서블 디자인Accessible Design과 유니버설 디자인 Universial Design도 부상하고 있다. 휠체어가 통과할 수 있는 출입구와 엘리베이터 등이 대표적 사례다.

현금인출기, 교통수단, 키오스크 등 요즘어른의 집밖 생활에도 유니버설 디자인이 적용된다. 기능 변경으로 고령고객을 만족시킨 사례도 있다. 유아용 보행 보조기(워커)를 노인용으로 바꾼 설계변경이 그렇다. 보행 보조라는 원래 기능은 유지한 채, 안정성과 균형감 등 노인 특화 설계만 강화하면 되므로 쉽고 간단하다. 이 분야에서 노바, 케어맥스, 해피웰리스 등 서구기업의 성장세가 남다르다.

큰 글자부터 근력 슈트까지

현재 가장 돋보이는 분야는 요즘어른에 특화된 신기술이 적용된 전자제품이다. 소비자가 더 고령화돼 전자제품의 수요 확장을 가로막기 전에 선제적으로 나서보자는 취지다. 대응 방안은 크게 두 가지다. 하나는 소니나 히타치처럼 전자제품에서 엔터, 미디어, 인프라 쪽으로 사업 분야를 전환하는 것이다. 다른 하나는 고령 수요에 적극 대응한 신제품으로 승부하는 것이다. 기존제품을 시니어 전용으로 새롭게 디자인하거나 완전한 신제품을 개발하는 형태가 있다.

배리어 프리로 재미를 본 건 파나소닉이다. 2015년 3만 고령자를 분석해 시니어 대상의 프리미엄 가전 브랜드 'J컨셉'을 출시했다. 가전제품 사용 시 신체에 가해지는 부담과 스트레스를 줄이는 데 중점을 둔 제품으로, 모든 제품에 시력이 약한 고령자가 쉽게 인지하고 판독할 수 있는 자체 폰트를 적용해 화제를 모았다.

고령자용 제품이 새로운 카테고리가 될 정도로 대중화된 사례도 있다. 아이리스오야마의 '슬로우 쿠커'는 재료를 썰어 넣기만 하면 치아가 약한 노인이 섭취할 수 있는 다양한 조림과 찜 요리를 완성해준다. 또 샤프의 이불 건조기는 매번 힘들게 빨거나 햇볕에 말릴 필요 없이 간편하게 탈취·살균이 가능하고, 온풍 건조로 따뜻하게 잠들 수 있어 대다수 가전사에서 제품을 출시할 만큼 인기가 높다. 고령자용 전자제품은 노인주택이나 요양시설을 대상으로 한 B2B 렌탈 사업도 가능하다. 파나소닉 자회사인 '에이지프리'는 다양한 가전기기를 단품·패키지로 요양시설에 대여하는 사업을 하고 있다.

한편 근력 슈트는 시장이 활성화되고 있지 않지만 도요타, 혼다, 파나소닉 등이 대중화를 노린다는 점에서 주의 깊게 지켜볼 필요가 있다.

유아에서 노인으로 축의 이동

소비재 중에서는 식음료의 친고령화가 가장 일상적이다. 고령자는 갈수록 씹고 삼키는 게 어려워져 섭식장애가 늘어난다. 선진국에서는 특화 푸드가 유니버설 디자인의 핵심으로 성장했다. 아사히식품이 섭식능력별로 세분화된 10가지의 친고령 제품을 출시한 배경이다. 간병식의 다양화로 현역고객의 확보도 기대된다. 어른용 분유도 있다. 영유아용 분유에서 노인용 단백질로 갈아탄 것이다.

한국의 경우, 매일유업의 '오스트라라이프'는 노년을 위한 영양식 브랜드다. 단백질 음료 '셀렉스'로 재미를 본 후, 식약처 규정에 맞춰 고령자용 영양 조제 식품을 브랜드화한 것이다. 종근당도 노년층을 위한 고단백 건강기능식품 '락토핏 골드'를 내세워 요즘어른 공략에 나섰다.

일본야쿠르트는 시니어를 노린 고부가가치 유산균음료(야쿠르트골드)로 제품군을 확대했다. 글루코사민, 로열젤리 등 시니어가 선호하는 기능성 성분을 배합해 눈길을 끈다. 메이지식품은 우유에 타서 마시는 파우더를 커피맛, 딸기맛 등으로 나눠 시니어가 섭취하기 편하도록 배려했다. 녹차만 해도 기능성을 내세운 노인 전용 상품이 속속 출시된다.

'유아용 이유식→노인용 간편식'이란 새로운 패러다임도 출현했다. 소화하기 쉬운 형태로 만드는 이유식의 원리를 노인용 간편식(고영양식)으로 전환한 사례다. 아지노모토가 유아식 제조 기술을 활용해 개발한 노인용 고단백 퓨레가 대표적이다.

📍 케어푸드의 동향과 사례

산업 이슈	유망 섹터(Care Food)	일본 네슬레 사례
저염·저당 등 맞춤식 수요 증대	• 고령층에서 일반인으로 소비 확대 • 임산부/영유아 등 균형적 영향 섭취 • 시장규모(22년 5,067억 원)	• 포괄적인 제품 포트폴리오 보유 • 연하 곤란자용 제품/칼로리 조절 제품/ 단백질 강화제/환자용 제품

자료: 삼정 KPMG(2024)

정리하면 케어푸드Care Food의 등장이다. 케어푸드는 섭식능력이 떨어져 섭취나 소화가 어려운 고령층을 주타깃으로 하는데, 연하곤란식, 치료식 등 고기능성 식품도 포함된다. 임산부·영유아 등 영양 균형이 필요한 일반수요까지 커버한다. 그렇다면 시장 성장의 기회를 갖춘 것이다. 실제 선제적인 투자 확대에 나선 기업들이 많다. 생애주기별 식단 개발을 통한 맞춤형 케어푸드로 변신하려는 움직임도 있다.

일본의 움직임이 가장 활발하다. 네슬레 재팬은 자회사를 세워 영양음료, 칼로리 조절식, 단백질 강화제 등 라인업을 강화하고 있다. 환자용 케어푸드도 진용이 막강하다. 일반인을 타깃으로 한 건강식품 라인업도 강화한다. 다논도 영양보충제 포트폴리오를 구축했다. 특히 초기 알츠하이머 환자를 위한 영양보충제 등이 유명하다.

상품시장의 '탈脫 아동화'는 불가피한 트렌드다. '유아용→성인용'이라는 라인 변경의 선두주자는 기저귀다. 일본 '오지네피아'는 2024년 내수용 어린이 기저귀의 판매 중단을 선언했다. 국내에서는 성인용에 집중하고, 어린이용은 해외시장 확대에 승부를 걸 계획이다. 1987년 어린이용 기저귀

를 최초로 생산한 회사라 충격적인 뉴스였다. 유한킴벌리도 피벗 전환의
성공사례로 손꼽힌다. 유아용 기저귀 하기스를 생산한 기술과 경험으로
성인용 기저귀 브랜드 '디펜드'를 만들었다. 일찌감치 고령자 대상 기저귀
를 신사업으로 개척한 사례다.

한국도 비슷하다. 2021년 성인용 기저귀 수입이 유아용 기저귀 수입을
넘어섰다. 갈수록 격차는 벌어진다. 수입 물량뿐 아니라 국내 생산량도 일
본의 뒤를 밟을 처지다. P&G(팸퍼스→어텐즈)와 엘지 유니참(무니→라이프리)

📍 **생활욕구의 연결 구도 및 확장 조건**

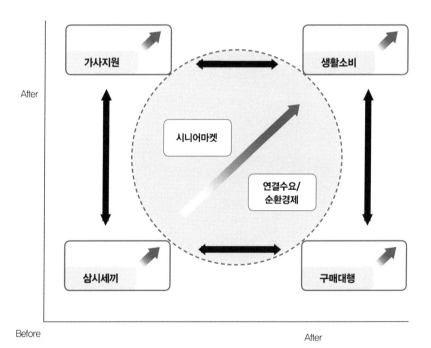

도 유아용에서 성인용 기저귀로 시장을 전환하고 있다.

결국 현역인구를 전제한 마케팅으로는 초고령화 시대에 살아남기 힘들다. 육아·교육 등 후속세대용 특화모델조차 은퇴·취미 등 고령수요로 전환되는 추세가 뚜렷하다. 출산 감소로 고전 중인 입시학원이 평생학습기관으로 전환하는 식이다. 노인고객을 위한 전용상품과 서비스가 쏟아진다. 고령주택, 배달서비스, 노인완구 등 셀 수도 없다.

최근에는 병원 동행 서비스가 관심을 모으고 있다. 병원 오가는 길에 (가족 대신) 동행을 원하는 욕구를 비즈니스로 연결한 사례다. 사회문제로 접근했지만, 유력사업으로 커버렸다. 어차피 유력고객이면 명확히 어필하는 게 좋다. 그것이 거대하고 매력적인 시니어 마켓을 품어 안는 자세다.

2단계

건강*Health* 욕구,
99세까지 88하게

예방운동: 무병장수를 향하여

'재테크보다 근육테크'란 말이 화제다. 노후에는 돈보다 근육이 더 믿을 만하다는 주장이다. 아무리 부자라도 아프면 무용지물이고, 반대로 몸만 건강하면 생활품질을 향상시킬 여력이 존재한다. 근육을 키워 유병으로 가는 속도를 늦추는 것만으로 지출 압박이 감소한다. 건강관리와 질병 대책은 고령인구의 불안을 낮추고 행복도를 높일 중대한 아이템이다. 시니어 마켓 역시 범용적인 욕구 단계를 따른다. 시니어 마켓의 2단계 건강욕구를 세부적으로 보면, 무병장수용 예방운동과 유병노후를 줄일 질환·사후관리로 압축된다.

1단계 기초생활 관련 욕구가 충족되면 다음은 건강이다. 2단계 건강 욕구의 핵심은 자발적이고 주체적인 신체 관리다. 건강 상태를 최대한 유지하고 어쩔 수 없는 노환은 가급적 지체시켜 노후생활의 질을 높이려는 취지다. 만약 질환이 생기면, 그 질환 단계별로 간병수요, 전용주택, 사후준비 등의 수요가 확장될 것이다.

요즘어른의 예방운동과 관련한 최대 수혜자는 스포츠센터, 피트니스클럽 등의 운동업계다. 어린이·청소년을 포함한 현역인구를 고객으로 포섭하는 게 쉽잖다는 위기감이 고조되던 참이다. 선진국에서는 장난감이나 학원 업계의 시니어 시프트가 흔해졌다. 패러다임 전환이다. 절대인구를 차지하는 요즘어른의 필수 화두인 건강관리 서비스가 각광받고 있으며, 식품·운동·생활을 연결한 확장 모델도 증가한다.

일본 스포츠센터의 변신

당위론에도 불구하고, 한국 노년인구의 예방운동은 시장성이 별로다. 언론에서는 근육테크를 강조하지만, 이를 실행할 시장은 만들어지지 않고 있다. 되레 연령차별이 거세지며 불필요한 사회갈등까지 유발한다. 인권위의 차별 판단에도 불구하고 상당수 스포츠센터가 '노 시니어 존'을 운영원칙으로 받아들인다. 심지어 공공시설조차 고령자 가입 불가 원칙이 채택된다. 사고 우려를 내세워 웬만하면 이용하지 말라는 투의 분위기가 일반적이다. 잘 다니다가 나이 먹었다는 이유로 탈퇴를 권유받았다는 불만도 목격된다.

결론적으로 배부른 소리요, 잘못된 판단이다. 이미 '청년→노년'으로 무게중심이 넘어갔고 시장은 '과잉→과소'로 전환됐다. 인구증가 덕에 만들면 팔리던 시절은 끝났다. 과잉의 해소가 절체절명의 과제다. 관건은 조류 변화의 정확한 관찰과 해석이다. 제조든 서비스든 예외는 없다. 일본에서는 스포츠클럽의 전략 수정이 화제다. 불황 압박에 출산 감소까지 겹쳐 현역고객이 축소된 탓이다. 이때 운동하려는 일본발 요즘어른의 증가세가 숨통을 열어줬다. 질환 예방용의 운동 수요가 확인되자 전략 수정이 본격적이다.

모범적인 선행사례는 일본의 대형 스포츠클럽 체인 '르네상스'다. 업계 3~4위 수준인데 매출액 500억 엔에 육박하며 꾸준한 성장세를 보인다. 증시 상장까지 완료하며 파워풀한 성장 기반을 인정받았다. 고령고객의 예방운동 수요에 맞춘 차별적인 프로그램을 채택한 것이 주효했다. 평균 1만 엔대라는 회비에 큰 부담을 느끼지 않고 시간도 자유로운 고령고객이 매출 증진의 일등공신이다. 특이한 건 고령수요의 세분화다. 건강한 고령자뿐 아니라 정상 생활에의 복귀 의지가 높은 질병 초기 환자까지 품었다. 요컨대 가볍게 들르는 간병시설Day Service을 오픈한 게 대표적이다. 장점을 살려 운동처방을 특화했다. 이학요법사, 간병예방운동 지도원 등이 상주하며 가려운 지점을 긁어준다.

르네상스와 커브스, 불황 없는 시장

여성 전용 피트니스클럽인 커브스Curves도 승승장구 중이다. 커브스는 주택가의 잉여공간이나 폐점한 근교 상업시설을 활용해 원가를 낮추는 전략을 택했다. 2005년 3개로 시작해서 2024년 2,000개를 넘겼다. '여성만의 30분 건강체조 교실'이란 슬로건이 먹혀든 덕분이다. 실제 주력 고객은 중·고령 여성으로 50대 이상이 70%다. 2018년에는 아예 미국 본사까지 사들여 일본화했을 정도로 성장세가 좋다. 한국에도 커브스가 진출했으나 고전을 면치 못하고 있다. 반면 일본에선 커브스가 예방운동의 대명사가 되었다. 매출액 355억 엔(2023년 8월~2024년 8월)으로 매년 증가세를 기록 중이다.

성공 비결에는 상식 파괴와 역발상이 있다. 고급시설과 도심입지를 고집하지 않고 철저히 실속을 차렸다. 은퇴고객을 위해 부담 없는 가격과 30분 안팎의 프로그램을 편성했다. 유산소, 근력, 스트레칭을 조합해 고객이 원하는 예방운동을 제공했다. 커브스의 콘셉트는 'No 3M'이다. 남자Men가 없고, 화장Make-Up이 필요 없고, 거울Mirror이 없다는 의미다. 여성 특화형이란 뜻이다.

경쟁사가 대부분 운동 경험이 많은 청년고객에 맞춘 것과 달리, 값비싼 헬스클럽에 익숙하지 않은 50~60대 여성을 공략한 것이다. 여성 특유의 입소문도 컸다. 틈새시장이다 보니 경쟁조차 없다는 게 세평이다.

노인이 가장 무서워하는 것이 치매라고 한다. 치매 대응 비용과 가족 고통은 상상을 초월한다. 따라서 신체건강 못지않게 정신건강을 지키겠다는 동기도 크다. 최선은 예방이다. 이는 오락거리와 질환 예방을 동시에 추구하는 완구 제품으로 이어진다. 집에서 TV만 보는 독거노인을 타깃으로 한 대화형 커뮤니케이션 로봇이 대표적이다. 일본의 물개 로봇 '파로'는 반려견, 반려묘처럼 털을 갖고 있어 우울증·치매 환자의 심리치료에도 좋다고 알려졌다. 간호·간병에 특화된 로봇 '마모루'는 치매 노인이 무얼 해야 할지 알려주고 못 찾는 물건을 찾아주며 복약 시간도 알려줘 화제다.

삼성과 LG의 고령 대응 AI 제품

한국에서는 '효돌'과 '효순'으로 명명된 AI 돌봄로봇이 정신건강을 지켜주는 예방운동에 최적화된 상품이다. 센서가 내장되어 건강과 안부를 실시간으로 확인할 수 있을 뿐만 아니라 치매 예방 퀴즈나 회상 놀이 등의 프로그램도 가능하다. 투약시간을 알려주는 것은 기본이다. 챗GPT를 도입해 쌍방향의 자유 대화도 실현된다. 가격과 기능 등 아직 개선할 부분이 적잖지만, 시장 상황은 밝은 편이다. 현재 지자체·기업 등의 복지 차원 수요가 대부분이지만, 요즘어른의 본격 수요가 시작되면 추가 성장이 기대된다.

실제 AI를 비롯한 혁신기술을 접목해 지능화된 수행 능력을 선보이는 제품이 증가세다. 삼성전자는 클라우드 연결 없이도 가전제품끼리 자체 AI

📍 간병대책의 비즈니스 유망 섹터와 대표사례

산업 이슈	유망 섹터	대표사례
고령자 · 독신자의 안전 · 건강 우려, 브랜드별 가전 · 기기 간 연결강화	**자동화 · 연결성 강화 스마트홈** • AI/IoT/D&A 등 기술 접목 지능 가전 • 글로벌 스마트홈 표준매터/HCA 활용 • 브랜드/가전기기 간 상호연동/연결성	**삼성전자** • 온디바이스 AI세탁기/냉장고 제품군 • 스마트홈 솔루션(SmartThings) • 생태계 강화용 다양한 파트너 제휴 확대
고령자 · 어린이 · 청소년의 건강 · 생활 · 정서 돌봄, 노동력 축소	**가족케어 돌봄로봇** • 국내 가구당 평균 가구원 수 감소 • 요양보호사 고령화로 돌봄로봇 모색 • 일상생활/정서를 돌보는 로봇 부각	**일본이화학연구소(Riken)** • 거동 힘든 고령자/환자 이동 욕구 • 침대에서 휠체어로, 로베어 로봇 개발 **LG전자** • 카메라/센서형 긴급상황 모니티링하는 스마트홈 AI 에이전트 개발
지속적인 개인 건강 모니터링 중요	**실시간 건강 체크 스마트 디바이스** • 수명연장/고령화로 수요 증가 • 혈압/혈당/심박수 등 일상관리 필요 • 지속 착용 가능한 시계/반지형 제품	**삼성전자** • 스마트워치 활용 건강지표 지속 체크 • 수면패턴/혈압 등 체크 가능한 반지형 새로운 풀팩터 외 디바이스 출시
퇴행성 신체 문제 · 고령 부양 부담	**퇴행성 신체 보조 로봇** • 노안/관절마모 신체 퇴화 문제 보조 • 시력/근력 보조 로봇 유망	**셀리코** • 퇴화된 시각기능 맞춤형 AR 글래스 **위로보틱스** • 허리/하체 로봇 부착 보행 편의 개선

자료: 삼정 KPMG(2024)

기능을 구현하는 온디바이스 AI 제품군을 내놨다. LG전자는 세탁기, 건조기, 에어컨 등에 가전 전용의 온디바이스 AI칩DQ-C을 적용했다. 앞으로 적용 기기를 확대해 편의성을 강화할 계획이다. 별도 브랜드의 가전끼리도 상호 연동되는 기술이 가능해지면 고령인구의 심박·호흡 등 건강관리뿐 아니라 위급상황에 대응할 수 있다. 요컨대 스마트홈케어의 고도화다. 실제 스마트홈 시장은 27조 6,000억 원(2025년)까지 급상승이 예측된다.

고령자 대응 로봇 개발은 지속적 흐름이다. 돌봄로봇, 반려로봇 분야는 한일 양국이 시장을 선도한다. 건강 체크를 위한 다양한 스마트 디바이스도 출시 행렬에 가세한다. 시계나 반지를 착용하는 것만으로 일상적인 건강관리가 가능해질 전망이다. 가전 브랜드들은 건강기능이 탑재된 디바이스의 라인업을 강화하고 있다. 특히 신체활동의 불편을 해소해주는 신체보조 로봇 시장은 급성장할 전망이다. 다양한 스타트업이 새로운 기술을 적용해 시장성을 타진하고 있다. 삼성전자의 '봇핏'처럼 보행 보조에 특화된 로봇은 이미 시제품이 출시됐다.

간병대책: 언젠가 닥칠 그날

TV만 틀면 간병보험 광고가 나오는 시대다. 아무리 예방운동을 한다고 해도 간병 상황을 피할 수 있다는 보장은 없다. 그렇다면 언젠가 닥칠 간병 이슈를 가정하고 준비해야 한다. '간병지옥'이란 말은 한국보다 초고령화가 빨랐던 일본에서 만들어진 말이다. 자녀 입장에서 효도 부담과 친척들의 따가운 시선을 무시하고 요양시설을 찾아도 비용과 서비스가 만만찮다. 좋은 곳은 비싸고, 적당하면 간병 품질이 걱정된다. 공공 요양시설은 대기표가 까마득하다. 간병 피로가 극에 달해 가족 파탄의 시발점이 되기도 한다. 멀쩡하던 중산층을 빈곤층으로 떨어뜨리는 게 간병 부담이다. 초고령화 추세를 보건대, 운이 없어 생기는 일이 아니라 언젠가는 생길 일에 가깝다. 잠재적인 간병수요는 이미 흘러넘친다.

핫이슈인 고독사도 가난과 질병의 합작품이다. 간병에 지친 가족이 치매환자를 살해하거나 동반자살을 택하기도 한다. 나아질 희망조차 없어 멀쩡한 중산층을 망가뜨린다. 만성질환에 치매까지 겹치면 개인 간병이 힘들어지지만, 금전 부담과 주변 시선 탓에 집에서 돌보는 것을 선택하기도 한다. 일본만의 사례가 아니다. 지금 한국사회 곳곳에도 스멀스멀 간병 공포가 번지고 있다.

100만 치매 환자 시대 개막

고령사회는 다른 말로 치매사회다. 65세 이후 치매 환자가 급증한다는 것은 의학계의 정설이다. 한국은 65세 이상 인구 10명 중 1명이 치매 환자라고 추정한다. 2025년 기준 100만 명을 가뿐히 돌파한다. 고령인구 스스로도 노후 건강과 관련해 치매를 가장 두려워한다. 본인의 치매는 물론 노노老老 간병을 부르는 가족 치매까지 불안감이 구체적이다.

거꾸로 말하면, 금전 부담과 생활 피폐를 뜻하는 간병은 시니어 마켓의 중요한 성장기반 중 하나다. 생활수요인 1단계에 이어 2단계에 예방운동과 간병대책을 연이어 제안하는 이유가 여기에 있다. 노후생활의 질을 극단적으로 악화시키는 의료·간병을 미루기 위해 최대한 예방 노력을 하겠지만, 어느 시점에서는 적절한 공급처를 찾아내야 한다. 간병 공포에 대처하는 맞춤형 수요는 시간이 갈수록 늘어날 수밖에 없다.

일본의 교훈은 간단하다. 간병 공포로부터 비켜서는 촘촘한 간병 안전망의 확보다. 인생 2막 전체를 커버하는 질병보험은 물론, 간병수요 발생 때 버팀목이 되어줄 자산소득의 추가 확보가 절실하다. 무연 간병이 되지 않도록 네트워크 확보도 필요하다. 건강할 때 간병과 재산을 관리해줄 후견인제도를 활용하는 것도 좋다. 수요가 공급을 낳는다는 점에서 정부 차원을 벗어난 민간의 움직임도 활발해지고 있다. 1단계 생활욕구처럼 의료·간병 비용은 소비 탄력성이 적어 지출하지 않을 수 없는 필수 서비스인 까닭이다. 고령사회의 성장산업 요건을 두루 갖췄다.

간병 시장은 간병서비스가 제공되는 공간별로 나뉜다. 즉 재택간병과 시설간병이다. 재택간병은 환자가 집에 머물면서 각종 간병 서비스를 받는 것이다. 목욕이나 야간 케어 등의 서비스를 방문·통근 형태로 받는 경우다. 간병 수준이 낮고 치매 증상이 없다면 이걸로 충분하다. 반면 중증 이상이면 높은 비용을 지불해야 한다. 대부분은 시설간병이 불가피하다. 와상 환자나 중증치매로 일상 간병이 필요하면 재택간병은 무리다. 이때

시설간병은 높은 부담이 문제다. 공공시설은 입소 대기만 수년이고, 일반 민간시설은 가격대비 만족도가 의심스럽다.

때문에 아프기 전에 신중히 선택하려는 예비 수요가 많다. 건강할 때 자신의 마지막 집을 찾겠다는 의도다. 종류는 다양화될 전망이다. 일본만 해도 특별양호노인홈(특양), 유료노인홈, 간병노인 보건시설(노건), 서비스부가 고령자주택 등 선택지가 넓어졌다. 한국의 경우도 초고가형 시니어주택부터 요양원, 요양병원을 넘어 분양형 노인복지주택(실버타운)이 허용되며 선택지가 확대되었다. 액티브 시니어를 타깃으로 한 '스마트커뮤니티이나게稲毛'는 일본판 CCRCContinuing Care Retirement Community의 선행모델이다. CCRC란 '지속 돌봄 은퇴자 복합단지'로, 분양주택을 단지화해 생활과 간병을 일체화한 서비스를 말한다.

빈틈 많은 간병 함정

간병대책은 아직 빈틈과 한계가 많다. 요즘어른이 유병 연령에 접어들 때까지 시간이 있다는 점에서 선제적 대책과 준비가 절실하다. 어쨌든 수요는 늘고 공급은 성에 차지 않는 상황이 예상된다. 업체 난립과 경쟁도 예상된다. 이미 요양원·요양병원 등의 서비스 품질 저하를 우려하는 목소리가 있다. 불만·불안·불편이 새로운 시장 창출의 연결지점이라면 간병대책만큼 유력한 시장도 없다. 가용자원을 활용한 저비용, 고효율의 카드가 요구된다.

행정의 역할도 필요하다. 간병대책이 사회문제로 부각된다면 행정의 방어전략은 당연해진다. 대大 간병시대를 풀어낼 강력한 해결 주체로 공공의 역할을 재구성하라는 뜻이다. 단순 예산투입을 넘어 실효적인 프로그램을 제공하자는 얘기다. 간병단계를 나눠 행정이 정밀하게 개입, 지원함으로써 상황 악화를 막자는 식이다.

도쿄의 베드타운 중 하나인 인구 8만 명의 와코和光시가 간병 단계별 자립계획을 통해 신체기능을 회복시켜주는 모델을 내놨는데, 이런 형태가 바람직하다. 수요자가 원하는 서비스를 제공하고, 공무원과 전문가가 서비스를 점검하고 개선해 나간다는 것이 차별점이다.

간병 공포를 막으려는 가장 쉬운 접근법이 생보사가 판매하는 간병 전문상품이다. 일정한 간병 필요 상태가 됐을 때 현금을 받는 구조다. 목적에 따라 자유롭게 쓸 수 있다는 점에서 공적 보험과는 다르다. 일본의 경우, 일시금과 연금을 병용해서 받는 상품이 일반적이다. 가입하는 방법은 3가지다. 종신보험에 간병 특약을 부가하는 방법, 주계약으로 간병보험에 가입하는 방법, 종신보험 등의 보험료 만료 시점에 간병보장으로 이행하는 방법이다. 보장 내용은 공적보험의 간병 인정 정도에 따른다.

향후 헬스케어의 핵심사업은 간병대책이 될 것이다. 지금도 '웰스+헬스'를 결합한 복합서비스가 인기다. 보험사는 위험관리와 자산운용이라는 기존 사업을 간병·요양 분야와 연결한다. 일본 3대 보험사 중 하나인 솜포홀딩스는 손보, 생보, 해외에 이어 '간호·간병'을 4대 핵심사업으로 지정했다. 실제로 요양사업을 전담하는 자회사 '솜포케어'를 설립해 시장 진출 2년 만에 흑자를 달성했다. 간병수요를 세분하고 다양한 라인업을 강화한 결과다. 이 분야에서도 디지털 기술 접목은 필수다. 간병시장의 한계인 일손 부족을 해결하기 위해 로봇 활용에도 적극적이다. IoT 센서를 통해 건강정보의 모니터링도 강화했다. 헬스케어 사업을 하면서 추가적인 시니어 사업을 모색할 수도 있어 확장성도 있다. 금융과 간병의 한계를 벗어나려는 차원이다.

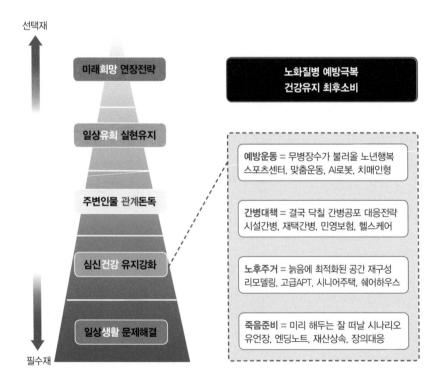

◉ 요즘어른의 2단계 건강욕구 소비키워드

선택재

미래희망 연장전략

일상유희 실현유지

주변인물 관계돈독

심신건강 유지강화

일상생활 문제해결

필수재

노화질병 예방극복
건강유지 최후소비

예방운동 = 무병장수가 불러올 노년행복
스포츠센터, 맞춤운동, AI로봇, 치매인형

간병대책 = 결국 닥칠 간병공포 대응전략
시설간병, 재택간병, 민영보험, 헬스케어

노후주거 = 늙음에 최적화된 공간 재구성
리모델링, 고급APT, 시니어주택, 쉐어하우스

죽음준비 = 미리 해두는 잘 떠날 시나리오
유언장, 엔딩노트, 재산상속, 장의대응

노후주거: 늙어도 스위트홈

블랙핑크의 로제 덕에 '아파트'가 세계적인 보통명사로 안착했다. 한국적 특수성을 설명하는 상징이자 문화로 각인된 것이다. 실제 아파트는 공간과 욕망이 뒤섞인 단어다. 돌아가서 쉴 집Home과 자산을 불려줄 집House은 오버랩된다. 똑같이 출발해도 어떤 아파트를 샀느냐에 따라 대박이 날 수도 벼락거지가 될 수도 있음이다. 'ㅇㅇ아파트에 산다'라는 말은 인생경로를 함축하는 문구다.

아파트의 흥망성쇠는 한국의 인구구조와 맞닿아 있다. 부머집단이 불지핀 거대인구를 수용할 효율적인 주거공간이 필요했기 때문이다. 농산어촌의 로컬인구가 서울·수도권에 몰려드는 사회이동이 가속화되면서 압축·고밀 주택인 아파트로 귀결된 것이다. 아파트 전성시대를 열어준 제1기 신도시(1989년)는 베이비부머의 상징인 58년 개띠가 30세 즈음이 되어 가족분화라는 거대 욕구에 직면한 시점과 맞닿는다. 일산, 분당 등 외곽 개발로 서울 집중을 막아보자는 것이었다. 수용범위를 넘어선 과도한 인구공급이 아파트의 탄생 배경이란 뜻이다. 평형도 구조도 표준가족(부모+자녀 2인)에 최적화된 설계였다. 본격화된 핵가족의 입맛에 맞춰 아파트는 한국의 주거를 상징하는 표준 모델로 채택되었다.

그렇다면 앞으로는 어떻게 될까? 급격한 기울기의 초저출생에 가족보다 1인가구가 신 트렌드다. 그럼에도 아파트의 파급력은 계속될까? 아파트 공화국의 종언까지는 아닐지언정 바뀐 삶에 맞는 변용 실험은 자연스럽다. 궁극적으로는 비중 감소다. 고성장기 주거 준칙이던 고밀·압축형 아파트에서 새로운 주거 스타일로 보완·대체될 전망이다.

부의 축적 수단으로서의 존재가치는 저하되거나 상실될 전망이다. 인구가 알려주는 강력한 확정신호다. 가족 변용조차 본격적이라 주거공간의 재편 흐름은 회피하기 어렵다. 1년에 100만 명이 사라지는 시대에 늘어나는 아파트는 기대하기 어렵다.

인구감소, 가족변용이 부른 아파트의 재구성

요즘어른의 대량 은퇴야말로 아파트의 재구성을 재촉하는 단초로 통한다. 노화와 아파트를 결합하려는 욕구 때문이다. 질병·노환 등 신체적 한계로 현역시절의 아파트는 여러모로 불편하다. 여기저기 고쳐봐도 그다지 나아지지 않는다. 삶의 마지막을 보낼 둥지를 찾는 일은 만만치가 않다. 최근 고령주거의 정답을 찾는 시도가 활발해지고 있다.

선진국은 오래전부터 단독주택을 포함한 다양한 선택지가 일반적이나, 아파트 공화국 한국은 어떻게든 아파트의 존재감을 인정하고 활용해야 한다. 익숙한 아파트에서 계속 살려는 노년의 욕구도 많다. 문제는 신체능력 약화에 따른 생활 갈등이다. 노화를 반영한 설계 변경부터 취향을 반영한 리모델링까지 아파트의 재구성이 활발한 배경이다. 목표는 요즘어른이 살기 좋은 아파트다. 이때 '시니어주택+일반아파트'의 융합모델이 유력하다.

아직 초기시장이지만 요즘어른의 대거 등장으로 볼 때 곧 새로운 트렌드로 안착할 전망이다.

현재로선 고급아파트가 유력하다. 부머집단은 변함없이 고급아파트를 지향할 확률이 높다. 실제 고급아파트는 대부분 60세 이상의 전유물이다. 의료·간병뿐 아니라 실버타운과 같은 기반시설(피트니스센터, 수영장, 식당 등)을 갖추고 생활편의·커뮤니티·건강관리 등의 서비스를 통합 지원해

📍 시니어주택으로 본 기존한계 및 성장기회

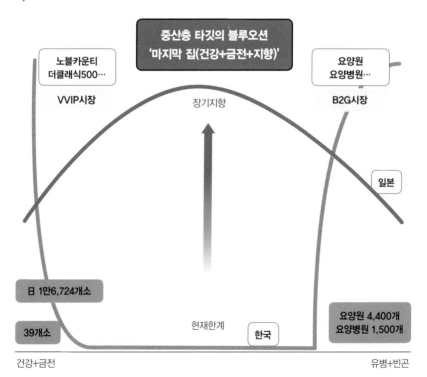

중산층 타깃의 블루오션
'마지막 집(건강+금전+지향)'

노블카운티
더클래식500…

VVIP시장

요양원
요양병원…

B2G시장

장기지향

일본

日 1만6,724개소

39개소

현재한계

한국

요양원 4,400개
요양병원 1,500개

건강+금전

유병+빈곤

야 할 것이다. 실버타운과의 차별점은 개별 선택지란 점이다. 건강한 가운
데 일상을 유지하려는 주거모델에 해당한다. 소유권을 가지므로 안정감도
보장된다. 업계도 이런 흐름에 본격적으로 대응하고 있다. 금융·건설업
을 필두로 요즘어른을 위한 럭셔리한 집합주택에 애정을 쏟고 있다. 2단계
기초욕구인 건강을 최대한 거주공간에서 유지하고 싶다는 바람을 반영한
결과다. 좋은 집에 살아야 건강하게 늙는다는 점이 마케팅 포인트다.

'늙음 서비스'가 따라오는 고령자 주택

'늙음+주거' 모델은 일본에서 많이 목격된다. 규제 완화로 다양한 주거
형태가 등장했고 가격은 천차만별이며 운영주체는 민간과 공공을 아우른
다. 포인트는 심신 건강이라는 기초욕구 충족이다. 대안 모델은 10~20년
전부터 인기를 모은 '서비스부가 고령자주택'이다. 늙음 서비스가 부속된
임대주택을 뜻한다.

경쟁이 치열한 시장으로 이종·동종 간 합종연횡M&A도 일반적이다. 복
지에 힘을 살짝 빼고 개별 욕구를 내세웠다는 게 특징이다. 특양(특별양호
노인홈)과 같은 공공시설보다 비싸지만 맞춤 선택이 가능하다. 즉 양질의
서비스와 프라이버시가 강조된다. 아직 건강하지만 미래의 간병이 걱정인
요즘어른에 제격이다. 필요할 때 신청해서 간병 서비스를 받으면 되니 안
전장치를 확보해둔 것이다.

이른바 시니어 하우징의 진화는 고객 전환의 주목할 만한 사례다. 달라진 부머세대의 적극적이고 능동적인 주거 욕구를 반영할 수밖에 없어서다. 본인을 우선하는 요즘어른답게 폭넓은 여가생활과 고급화된 주거환경을 요구한다. 일본 세콤은 모리빌딩과 함께 노인주택인 '사쿠라비아 세이죠'를 열었다. 양사의 장점을 모두 반영해 도쿄에 개장한 고급주택이다. 간호가 필요할 때 본인 객실에서 돌봄과 치료가 가능하도록 했다. 일상생활

◎ 인구변화와 늙음 반영의 신 주거 트렌드

산업 이슈	유망 섹터	대표사례
비혼 · 만혼화로 1인 가구 비중 증가	코리빙 • 개인공간/공유공간의 타인 공유 주거	더콜렉티브 • 영국의 대표적인 코리빙하우스 • 540여 실 규모의 대규모 코리빙 주거 운용 • 고가 월세에도 공실률 5% 미만 유지
본인 소비 · 여가활동형 시니어 문화	시니어 하우징 • 노년층 생활맞춤형 설계/주거 시설 • 치료/휴게/취미/사교 등 활동 지원	세콤 • 부유한 고령층의 도심 내 럭셔리 서비스 • 본인 객실에서 돌봄/치료 가능 • 차별화된 서비스로 고객만족 실현
돌봄 필요한 독거노인 증가	데이케어센터 • 돌봄 필요한 어른신 위한 주간 보호 • 다양한 프로그램으로 자립활동 지원	케어링 • 전국 20개 센터 운영(24년 7월) • 시리즈 B투자 유치(24년 400억 원)

자료: 삼정 KPMG(2024)

에서 차별화된 서비스를 받을 수도 있다. 제철 식재료를 활용한 식당과 룸서비스, 가족행사용 룸과 취미 프로그램, 정기공연 등도 제공된다.

늙음은 결국 '홀로'를 뜻한다. 당연히 집도 달라져야 한다. 70대를 넘기면 자식과 배우자를 떠나보낸 '1인화' 가구가 압도적인 비중을 차지한다. 한국은 2050년 70대 이상(43%) 인구가 3배나 늘어날 전망이다. 비혼·만혼이 지속되면 무가족형의 싱글이 양산된다. 여기에 맞춰 1인화의 주거공급을 강화하되, 유휴화를 막기 위해 노년 니즈로 전환할 수 있는 장치를 심어놓는 것이 좋다. 노년생활의 다양한 니즈에 맞춘 설계가 필요하다는 말이다. 요즘어른은 선호하는 주거환경과 생활양식이 제각각이라 맞춤형 주거 솔루션이 요구된다.

시니어 복지 차원에서 전용공간과 공용공간을 분리해 '따로 또 같이'의 주거 가치를 녹여낸 '코리빙' 아이디어가 청년의 1인화로 재구성되었다는 점에서, 역방향 전환도 얼마든지 가능하다. 청년용 코리빙을 노년용 시니어 하우징으로 변경하는 시범사업도 예상된다.

쉐어하우스도 숨통을 열어준다. 한국처럼 집값 상승이 위협적인 인구밀집형 도시공간에서 쉐어하우스는 특히 1인화에 어울린다. 일본에선 베이비부머의 대량퇴직 후 고령 친화적인 쉐어하우스가 급증했는데, 특히 세대 교류Generation Mix형 쉐어하우스가 주목된다.

'타마무스비테라스'는 독립적으로 살되 커뮤니티를 지향하는 연결단지를 조성했다. '늙음+젊음'의 상호교류로 약점과 강점을 교환하는 식이다. 광의의 개념으로는, 독거노인·청년집값을 연결한 프랑스의 상호의존 세대 동거 프로그램도 여기에 해당한다. 가족 해체와 복지 붕괴를 이기려는 요즘어른의 자발적인 동맹가족 수요와 일맥상통한다. 가쿠켄그룹처럼 '학생학원+고령시설'을 통해 세대 교감을 노린 형태도 관심사다. 1층에 학생학원을, 2층부터는 고령주택을 배치해 사양 압력을 새로운 비즈니스로 극복하려는 차원이다.

죽음준비: 굿바이, 마이 라이프!

기대여명 88.5세인 한국사회에서 100세 인생이 표준으로 자리 잡을 날도 머잖았다. 이는 30~40년을 노년으로 살아야 한다는 뜻이다. 평균수명이 60~70세일 때 제정된 제도와 정책은 더 이상 먹혀들지 않는다. 새로운 변화와 욕구를 제도화하고 시장화하는 것은 필수다. 방치하면 엇박자가, 올라타면 선순환이 기대된다.

요즘어른은 죽음을 대하는 인식에 있어서도 선배세대와 다르다. 그들에게 죽음은 가급적 언급하지 않고 싶은 터부항목이 아니다. 그들은 슬픔과 눈물보다 준비된 이별을 선호한다. 남은 자들을 위해 스스로 죽음을 준비하는 사례가 늘어나고 있다. 백세시대의 죽음 준비는 요즘어른부터 완성도를 높일 전망이다. 다독이고 품을 수 있다면 그것으로 시작이다. 요즘어른은 삶의 질 못지않게 죽음의 품질을 대놓고 논의한다. 죽음을 떠올릴 때 겸손과 배려가 생겨나듯 죽음을 준비하면서 풍요롭고 안정적인 삶의 힌트도 얻게 된다.

죽음준비는 초고령화의 상징 수요다. 무병장수를 위한 모색과 사후준비는 시니어 마켓의 아랫부분을 담당하는 포괄적이고 범용적인 2단계 기초영역이다. 유언을 통한 인생 정리, 재산상속, 사후 이슈인 장례 · 묘지준비 등이 여기에 해당된다.

히트상품, 일본의 유언장 키트

일본은 죽음에 익숙하다. 늘어난 평균수명과 불안한 노후생활이 죽음준비를 생활 이슈로 부각시켰다. 한국도 곧 일본을 뒤따를 전망이다. 핵심 키워드는 종활終活: 슈카츠이다. 2012년 신조어로 등장한 이래 일본에서는 보통명사가 됐다. 인생 최후는 본인 의지대로 준비하자는 제안이다. 슈카츠는 크게 3가지로 나뉜다. △마지막 스스로 준비하기 △물건 · 재산 물려주기 △생각 · 추억 남겨두기다.

관련 비즈니스가 성황인데 단골 항목은 유언장이다. 경쟁사회의 피로도가 높아지면서 인생을 진지하게 고찰하자는 흐름과 통한다. 의외로 유언장은 4050세대 중년의 죽음준비와 직결된다. 인생의 한가운데서 과거를 통찰하고 미래를 계획하기에 제격이기 때문이다. 유언장을 작성해봄으로써 가족관계와 가치관, 지향점 등을 재검토할 수 있다. 실제 유언장을 쓴 뒤 삶이 달라졌다는 후기가 많다.

유언장은 일부만의 전유물이 아니다. 중년으로까지 시장이 확대되었다는 것은 본인의 의지가 강하다는 뜻이다. 붐의 일등공신은 책자 형태로 만들어진 유언장 키트다. 연말연초면 유언장 관련된 정보가 망라된 키트가 서점의 베스트셀러에 오른다. 유언장을 직접 쓸 수 있는 용지와 봉투가 있고 안내책자도 포함된다. 위·변조를 막고자 복사가 불가능한 안전장치까지 덧붙였다.

유언장에 써야 할 내용으로는 △본인의 역사와 미래 연표 △소중한 것들의 우선순위(사람·물건·가치) △자산항목 △상속내용 △기부대상(원할 때) 등이 권유된다.

한국에서도 유언장 작성은 확대될 전망이다. 유언장 작성을 기피하게 했던 과세 부담과 죽음을 터부시하는 문화 등이 재검토되고 있기 때문이다. 중년의 위기감도 구체적이다. 비혼 독신자와 사실혼 부부의 증가세도 유언의 필요를 부채질한다. 이들에게 본인의 사후는 거대한 공포의 대상이다. 죽어도 죽지 못하는 무연·고독사, 옅어진 가족관계로 인한 자녀 간 불화도 유언장 작성의 배경이다. 대★상속시대엔 상속 갈등도 커진다.

유언장 작성이 부담스럽다면 엔딩노트Ending Note가 대안이다. 삶의 마지막 메시지로 유서·유언·비망록과 같은 의미다. 재산상속 등 법률관계를 정리한 유언장은 엔딩노트의 일부다. 법률조항 외에도 남기고픈 메시지가 많을 때 엔딩노트가 적절하다. 가족·친지에게 생의 의미와 지혜를 전하는 일종의 저장장치다. 이렇게 보면 버킷리스트와도 겹친다. 좋았던 것, 아쉬운 것이 총망라되는 까닭이다. 연 1회 정도 엔딩노트로 인생을 중간 정리하면 도움이 된다는 게 경험자들의 훈수다.

급성장하는 유언대용신탁

죽음준비의 핵심 수요는 유산상속이다. 축적한 자산이 많은 요즘어른일수록 상속이 걱정이다. 나이가 들수록 순조로운 자산 이전을 위한 준비에 나설 수밖에 없다. 자산의 세대교체는 저성장사회의 부가가치에도 도움이 된다. 특히 요즘어른은 상속 의지가 높다. 평범한 중산층에서도 곧 발생할 상속 갈등을 줄일 묘책에 골몰한다.

상속과 상속 분쟁은 거대시장을 낳는다. 금융권의 상속재산 운영 대행이 대표적인데 상속세 경감 대책과 신고 대행 등이 포함된다. 가업이 있을 경우 사업승계와 양도 대책을 조언하는 경우도 흔하다. 변호사, 회계사 등 전문직과의 제휴도 일반적이다. 실제 상속 비즈니스의 범주는 더 넓다. 금융권은 유언장 집행을 대신하는 유언신탁과 함께 상속 관련 상품·서비스를 강화하는 중이다.

대표적인 사업모델이 '유언대용신탁'이다. 요즘어른(위탁자)이 금융기관(수탁사)에 재산을 맡긴 뒤 가족(사후 수익자)에게 이전하는 상품이다. 유언장 작성과 보관, 집행 대행부터 상속세 경감과 신고 대행 등의 서비스가 지원된다. 수수료 수입은 물론 자녀세대까지 고객으로 흡수할 수 있어 경쟁이 치열하다. 상속재산을 이용한 금융상품과 자산운용 등의 라인업도 확대 추세다. 일본의 경우, 2010년 44건에서 2024년 25만 건으로 대폭 증가했다. 한국도 2020년 8,000억 원대에서 2024년 4조 원대로 성장했다.

재산을 정리했다면 다음은 본격적인 사후준비다. 장례식, 묘지 선택 등이 이에 포함된다. 특별한 사유가 없는 한, 스스로 사후공간을 계약하지는 않는다. 장례 부담을 덜고자 상조회사 프로그램을 선택하긴 해도 납골당을 포함한 최후공간까지 챙기는 사례는 거의 없다.

그런데 최근 이런 경향이 바뀌기 시작했다. 장례비가 워낙 비싸다 보니 (1인당 평균 500만 엔) 생전에 준비하는 중년들이 늘어나고 있다. 독신 고객을 노린 '인생 마지막 집을 직접 찾자'라는 광고도 눈에 띈다. 사전 선택형의 공동묘지 판매사업도 있다. 마치 동호회 활동을 하듯이, 함께 묻힐 사람들과 사귀며 눈높이에 맞는 묘지를 탐방하기도 한다.

Chapter 04 밥, 몸, 집, 웰다잉

함께, 신나게,
행복하게

요즘 어른 소비 화두 2

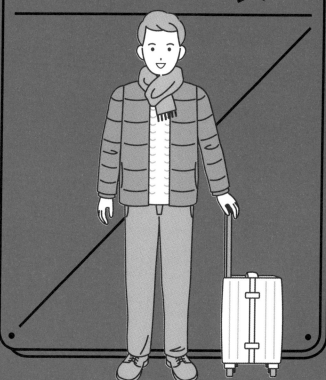

3단계

관계 *Relation* 욕구,
함께라면 안심

가족주의: 마지막 안전장치

3단계 관계수요의 핵심은 인적 네트워크를 통한 안심 충족이다. 작게는 가족, 크게는 친구·동료 등과의 관계 유지를 위한 일련의 소비지출로 요약된다. 매슬로 5단계 중 애정(공감)욕구와 일맥상통한다. 관계욕구가 충족되지 못하면 요즘어른의 은퇴생활은 품질이 악화된다.

노후생활이란 게 재무와 비재무 측면의 균형이 중요한 만큼 금전과 건강에 이어 관계자본이 부각될 수밖에 없어서다. 시니어 마켓의 주요 소비 품목이란 점에서 주도면밀한 관찰이 권유된다. 지갑은 관계(소통)에서 열리는 경우가 많은 법이다.

돈독한 관계가 노후생활의 중요한 욕구로 부각된다는 건 현대사회의 관계 단절이 그만큼 심화됐다는 반증이다. 현대화, 도시화, 공업화는 관계자본을 악화시켰다. 생애 단계별로 수많은 욕구와 필요를 자연스레 해결해 줬던 관계자본의 상실은 곧 자본주의의 치명적인 부작용으로 나타난다. 그리고 그 원점에 가족해체와 가족 분화의 포기가 있다. 이를 요즘어른과 연결하면 관계 단절, 소통 부재 속의 새로운 노년 문제가 드러난다.

현대의 가족은 진화하는데 그 방향은 양분된다. 가족해체의 원심력과 가족연대의 구심력이 부딪히며 공존한다. 물론 가족해체가 일반적이나, 그 반발기제로 가족연대의 새로운 혁신실험이 채택되고 있다. 상반되는 두 논리가 상황압박에 따른 각자도생이란 점에서 닮았다.

특히 가족연대는 출산 지원에 따른 가족 전략을 뜻한다. 주목해야 할 신풍경은 '결혼→출산→양육' 과정에서 만들어지는 기존 가족과의 연대 강화다. 분화한 청년세대(2차 가족)의 양육을 양가의 부모(1차 가족)가 도와주는 혈연적 협력체계의 구축이다. 일종의 기능적 대가족화다. 현대판 대가족주의의 출현이라고도 할 수 있다.

따스한 밥을 나눠 먹을 수 있는 거리, 15분

가족연대는 생활방식을 바꾼다. 당장 달라진 욕구에 맞는 집의 구조와 입지가 선호된다. 상호간 연대는 물리적 거리와 직결되기 때문이다. 가족

연대를 실현해줄 새로운 주거 스타일의 등장이다. 대체적인 방향은 대가족의 상호성을 지원해줄 근거近居 방식이다. 예전 대가족은 한 지붕 아래 뭉쳐 살았다. 동거同居 형태다. 반면 현대판 가족연대는 동거보다 근거가 유력하다.

분화한 2차 가족은 물론 부모세대 중 상당수도 동거 방식을 꺼린다. 함께 살며 갈등하는 것보다는 '따로 또 같이'가 편하다. 요컨대 느슨한 연대다. 공동양육을 위해 뭉친 새로운 대가족이 만들어내는 신주거모델이다.

근거近居가 안착한 선행사례는 일본이다. 2000년대부터 본격화된 3세대형 근거가 확산세다. 자녀는 부모의 육아 지원으로 워라밸WLB을 이루고, 부모는 노후 불안을 해소해 안정감이 높아진다. 은퇴한 부모는 손주세대와의 교류가 늘면서 삶의 활력을 찾고 본인들의 생활 편의성도 높아진다. 결국 근거는 노후복지와 육아복지 모두를 실현하는 아이디어다.

근거는 부모·자녀의 2세대형과 부모·자녀·손주의 3세대형으로 나뉜다. 결혼 후 분가했던 자녀가 출산을 계기로 부모집 근처로 옮기거나, 고령의 부모가 자녀집 근처로 이사하는 경우가 많다. 그렇다면 '근처'는 어느 정도의 거리일까? 대개 교통수단(자전거, 자가용, 공공교통)을 이용해 30분 안에 갈 수 있는 거리다. 서로 왕래하기 쉽지만, 일정한 거리감이 보장된 거리다. 당연히 함께 식사하는 기회가 많아져 '국이 식지 않는 거리'라는 기준도 나온다.

유력한 것은 15분에 갈 수 있는 곳이다. 15분이면 따스한 밥을 나눠 먹을 수 있다는 게 이유다. 근거보다 짧은 거리에 사는 형태를 인거隣居라고

부른다. 같은 아파트 단지나 같은 동에 사는 경우를 말한다.

세대공존형 주거단지도 '은퇴노년+현역가구'가 서로 교류하며 돌봄을 교환하는 형태다. 주택단지 내 특정 동이나 층을 고령구역으로 설정해 돌봄에 적합하게 꾸미고, 병원·돌봄센터 등 친화시설을 구축하는 것이다. 고령부모와 분가를 원하는 자녀의 니즈에 부합해 일본에서 인기를 모으고 있다. 현재 재건축·재개발의 도시재생이 시행될 때, 세대공존형 단지를 우선적으로 설계하기도 한다. 고급 아파트의 조건으로 통하며 임대료가 급등하자 세대공존형 주거단지를 채택하는 사례도 증가했다.

도쿄의 '시바우라아일랜드'가 최초로 도입한 이래 '타워레지던스', '아자부다이힐스' 등이 세대공존형으로 건설되었다. 고령자 주거동과 병원·공원 등 기반시설, 그리고 외곽에 자녀 주거동을 배치하는 형태가 일반적이다.

결혼·출산을 계기로 가족 분화가 이루어지면서 주택 수요가 발생하는 전형적 패턴도 깨지기 시작했다. 신혼부부가 주택수요의 태반을 이뤘던 시절은 지나갔다. 향후는 다양화, 세분화될 수밖에 없다. 1인가구를 위한 맞춤 공간처럼 평생 비혼이나 캥거루족을 고려한 신주거 형태도 고려 대상이다. 한국도 판박이처럼 찍어내는 표준공급형 설계에서 달라진 욕구를 반영하는 혁신이 필요하다.

2.5세대 주택에서 0.5는 캥거루

일본에서 화제를 모은 '2.5세대 주택'이란 게 있다. '아사히카세이'라는 건설업체가 제안한 세대융합형 다세대주택을 뜻한다. '부모+자녀(손주)'의 2세대형 직계모델에 결혼하지 않은 형제자매(0.5세대)가 동거하는 스타일이다. 나이를 먹어도 독립을 원치 않는 미혼자녀의 욕구를 반영했다. 전용공간과 공유공간을 적절히 나눔으로써 갈등 축소와 관계 강화라는 딜레마를 풀어냈다. 2013년 2.5세대 주택이 최초 제안되었을 때, 37세의 독신 커리어우먼이 0.5를 나타내는 캐릭터로 설정되었다. 일과 가족의 양립은 물론 부모·자녀의 선순환적 공생이란 점에서 화제를 모았다.

비단 혈연 기반의 가족이 아니어도 무방하다. 타인과의 인위적인 연대일지언정 가족주의의 기대효과가 발휘된다면 새로운 가족결합의 유형일 것이다. 일본에서는 고독과 소외를 줄인다는 차원에서 자발적인 가족의 재구성을 사업모델로 만드는 것이 유행이다. 가족이 아니지만 독신·핵가족이 한 지붕 아래에서 연대하며 가족의 인연을 쌓는 것이다. 남이지만 가족처럼 살아가는 쉐어Share하우스가 대표적이다. 함께 모여서 대가족의 연대 파워를 체감하자는 것이다. 실제로 적잖은 연구기관들이 새로운 유형의 대가족을 매력적인 소비 탈출구로 본다.

대가족의 관계 강화를 위한 도구도 유력한 비즈니스로 부각된다. 일례로 3대가 함께 즐기는 레저·취미활동이 대표적이다. 선두주자는 아웃도어 분야다. '가족 바비큐'는 말 그대로 대가족이 쉽고 간편하게 즐기도록 설계한 제품인데, 여름 이외에도 팔리는 스테디셀러가 됐다. 한국에서 SUV가 붐을 일으키는 것도 대가족주의가 반영된 한국적 트렌드란 평가가 적잖다. 대가족 여행도 트렌드다. 3대가 함께 묵는 숙박시설은 예약하기 어려워 객실을 연결해 쓰고, 노래방 기계를 비치하는 경우도 많다. 여행사는 대가족을 겨냥한 상품을 내놓았다. 아직 일반화되지는 않았지만, 대가족의 거실 크기에 맞는 고가·대형의 전자기기 등 내구재 소비도 전망이 밝다. 향후 경제·고용 불안이 심화되면 안전판으로서 대가족 단위의 생존전략과 소비경향은 더 뚜렷해질 전망이다.

손주사랑: 지갑을 열게 하는 마법

기초연금에 의지한 선배세대보다는 낮다고 해도, 요즘어른 역시 불확실성이 크다. 씀씀이를 줄여 곳간을 채워두자는 생각이 강하다. 그럼에도 줄이지 않는 소비품목은 있다. 앞서 살펴본 1단계 생활욕구와 2단계 건강욕구가 대표적이다. 그런데 1~2단계보다는 낮지만, 3단계의 관계욕구도 비슷하다. 생활과 건강은 관계로부터 자유로울 수 없다. 상관성을 갖는 강력한 연결 화두다. 필수재와 선택재의 중간에 위치하지만, 어떤 상황 발생 시 필수 지출이 될 확률이 높다. 관계소비를 선도하는 대표 항목이 손주품목, 즉 내리사랑 소비다.

관계자본을 위한 소비의 대표가 핏줄소비다. 치사랑(효도상품)도 있지만,

내리사랑의 지출 동기보다 순위가 밀린다. 일상에서는 마른 수건을 쥐어 짜듯 절약을 실천해도, 손주를 위해서라면 기꺼이 지갑을 여는 게 요즘 어른의 숙명이다. 기념일 등 이벤트성 손주사랑 항목은 이미 상당 수준의 시장 규모를 형성했다. 부모를 건너뛰어 조부모의 지갑을 타깃으로 한 광고도 늘어났다.

손주사랑을 뜻하는 유행어도 있다. '421사회'와 '식스포켓(6개의 주머니)'이다. 양가의 조부모 4명, 부모 2명, 자녀 1명을 뜻하는 말로 전형적인 장수국가의 가족 패턴이다. 이때 관심과 사랑과 돈, 모두 최종 깔때기는 손주를 향한다. 시니어 마켓의 틈새에서 부각된 손주시장의 힘이다. 자녀 1명이 직계존속 6인의 몫을 독점하니 그 구매력과 영향력은 상상 이상이다. 게다가 8개의 주머니로까지 확대된다. 미혼의 삼촌·고모·이모까지 가세해 양쪽 집안에서 하나뿐인 아이를 위해 기꺼이 지갑을 여는 것이다.

6개의 지갑을 독점한 손주세대

6명, 혹은 8명의 관심이 집중된 손자의 입장은 양가적이다. 당장은 좋아도 나중엔 어떤 식이든 부담스럽다. 내리사랑을 주었던 당사자가 은퇴 후 피부양인구가 되면 어떻게든 부양 압박이 되돌아올 수밖에 없어서다. 그럼에도 당장은 유력한 소비 주체의 타이틀을 움켜쥔다. 더욱이 내리사랑은 피붙이를 향한 본능적 소비란 점에서 막기도 어렵다. 돈 냄새는 시장을 창조한다. 손주사랑을 어필해서 부유한 조부모의 지갑을 열려는 마케팅은 불황이 없다. 엔젤(손주) 고객을 위한 실버(조부모) 공략이다. 소비 종착지는 손주이지만, 구매 결정자는 조부모인 영역이 계속해 확장된다.

은퇴한 조부모와 어린 손주가 조합되는 빈도도 늘어났다. 즉 '할마(할머니+엄마)'와 '할빠(할아버지+아빠)'의 노년 육아는 일상적이고 규모도 상당하다. 전 세계 조부모는 14억 명을 넘긴다. 전 세계적으로 저출생·고령화가 심화되면서, 손주 1명당 조부모가 0.46명에서 0.8명으로 늘었다(2023년). 식스 포켓의 규모가 커졌다는 얘기다. 특히 주머니가 탄탄해진 요즘어른은 선배세대와 달리 손주를 위한 과감한 소비에도 적극적이다.

미국만 해도 조부모 1인당 연간 340만 원(2,562달러)을 지출한다고 한다. 연간 240조 원(1,790억 달러)에 달한다. 선물과 용돈은 물론 교육비를 내주는 사례도 많다. 저출생 속 명품 소비에 익숙한 골드키즈의 등장에도 식스 포켓이 있다. 조부모의 손주 돌봄 추세에 맞춰 '손주 돌봄 휴가'처럼 예전에 없던 정책과 제도도 늘어나고 있다.

손주시장을 이끄는 선두주자는 단연 교육 분야다. 손주교육에 기꺼이 시간과 돈을 쓰려는 조부모가 늘었기 때문이다. 일본에서는 특히 할아버지가 적극적인데 은퇴 이후 소일거리로 좋아서다. '育G3(이쿠지상)'이라는 신조어까지 나왔다. 육아育兒를 일본어로 발음하면 '이쿠지'인데, 여기서 G는 할아버지Grandfather를 뜻한다.

일본의 광고대행사 덴츠는 '育G프로젝트'를 제안한다. 손자교육으로 세대 교류를 확장하고 시니어 마켓을 연결시키자는 아이디어다. 그렇다면

관계소비의 유망 섹터와 대표사례

산업 이슈	유망 섹터	대표사례
고령화 · 고소득형 펫 소비 확대	**펫코노미(Pet-Economy)** • 육아 통한 희로애락의 대안 욕구 • 펫코노미 성장 잠재력 증대 • 시장 규모(30년 4,930억 달러)	Chewy • 기존 펫푸드에서 장난감 등 용품 확대 • 헬스케어/보험까지 취합하는 종합형 • E2E 서비스 기업으로 도약
디지털 친숙 부모, 가사 절약 가치성	**페어런트테크(Parent Tech)** • MZ세대 부모의 효율 추구 경향성 • 육아의 아웃소싱화 확산 • 디지털로 육아 니즈 충족형 스타트업	Mattel • 바비인형 등 전통형 장난감 다각화 • 다양한 육아 니즈 충족 스타트업 인수 • 기술 기반 사업영역으로 확장

자료: 삼정KPMG, '저출생 · 고령화 인구 대변혁 시대, 기업은 무엇을 준비해야 하는가', 삼정 인사이트 Vol. 90 · 2024, p.17

손주와의 접점 강화는 은퇴 세대의 힘과 활력을 사회에 되돌리는 긍정적 효과를 낼 수 있다. 고령대국의 골칫거리인 자원 정체를 환류시키는 데에 도움이 될 것이다. MZ세대 자녀그룹이 육아에 돌입한다는 점도 미래를 밝히는 호재다. 요즘어른은 적극적인 아웃소싱을 선호하고 자녀 · 손주와의 관계 소비에 돈을 아끼지 않는다.

할아버지로부터 손주에게, 격세증여 유행

이 과정에서 자연스레 등장하는 것이 격세증여다. 2013년 일본은 손주 세대를 위한 교육자금 증여를 1인당 1,500만 엔까지 면제해 주는 세제 개혁안을 채택했다. 여기에 더해 NISA(개인종합자산관리계좌)에 만 18세 미만의 손주·자녀 명의로 주식·펀드에 투자하면 연 80만 엔의 이자까지 비과세 혜택을 준다.

손주 시장에 금융기관이 빠질 수 없다. 이 제도가 시행된 후, 일본 금융기관들은 교육자금증여신탁을 잇따라 내놨다. '조부모→손주'로의 자발적 투자 이전을 유도하기 위해서다. 이후에도 내리사랑을 위한 자산 이전을 유도하는 상품들은 계속 늘어나는 중이다. 한국에서도 곧 벌어질 상황이다. 여유로운 요즘어른의 본격 은퇴가 시작되면 유망한 시장이 될 것이다. 정부도 고령자의 소비감소를 극복하고 고질적인 내수 침체를 저지할 유력한 대안으로 본다.

조부모 육아는 필연적으로 완구시장에 숨통을 열어준다. 일본에서 손주와 조부모가 함께 만드는 조립장난감이 늘어나고, 인형놀이에 할머니 역할까지 가세한다. 5,000만 개 이상 판매된 인형 '리카 시리즈'가 대표적 사례다. 원래 리카 가족은 핵가족이었다. 초등학교 5학년(만 11세)인 리카를 중심으로 엄마, 아빠, 언니, 여동생, 남동생, 사촌, 반려동물이 주변 캐릭터였다. 그런데 2012년 여기에 할머니가 추가됐다. 할머니 캐릭터는 56세의 카페·꽃집 주인이다. 할머니 인형까지 등장해 대가족 인형 세트가 완성되면서 역할극의 소재와 내용이 더 풍성해졌다.

테마파크도 조부모를 만나 기지개를 편다. 초저출생으로 테마파크의 앞날은 부정적이었다. 청년층 감소로 불황 한파를 맞은 곳이 상당하다. 그런데 여기서도 시니어 시프트의 변화가 뚜렷하다. 요즘어른(정확히는 신입부머)에게 테마파크는 평생 기억되는 동심의 세계다. 은퇴 후에도 추억반추와 손주사랑을 원한다면 그만한 공간이 없다. 반백의 노인이 나와 인생의 행복했던 추억을 되돌려보는 디즈니랜드 TV 광고도 화제였다. 독특한 네

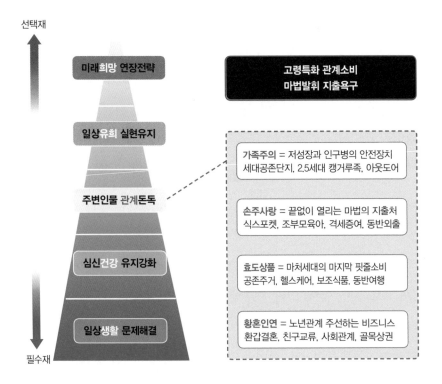

📍 **요즘어른의 3단계 관계욕구 소비키워드**

선택재

미래희망 연장전략

일상유희 실현유지

주변인물 관계돈독

심신건강 유지강화

일상생활 문제해결

필수재

**고령특화 관계소비
마법발휘 지출욕구**

가족주의 = 저성장과 인구병의 안전장치
세대공존단지, 2.5세대 캥거루족, 아웃도어

손주사랑 = 끝없이 열리는 마법의 지출처
식스포켓, 조부모육아, 격세증여, 동반외출

효도상품 = 마처세대의 마지막 핏줄소비
공존주거, 헬스케어, 보조식품, 동반여행

황혼인연 = 노년관계 주선하는 비즈니스
환갑결혼, 친구교류, 사회관계, 골목상권

덜란드풍 거리로 유명한 관광지 '하우스텐보스'도 요즘어른으로 경영실적을 안정시켰다. 인구변화에 기초한 고객 연구 덕분이다.

관계소비의 또 다른 한 축은 반려동물이다. 저출생·고령화의 인구 현상을 벌충해줄 보완재(대체재) 성격을 지닌 까닭이다. 가족해체와 분화 포기에 따른 생애 미혼이 급증하는 추세와 무관하지 않다. 주목할 것은 프리미엄화다. 반려동물을 최고급으로 케어하려는 트렌드가 심화되면서 사람보다 비싸고 좋은 제품과 서비스를 선호한다.

미국의 '츄이'는 반려동물 푸드·장난감 등을 팔던 초기모델에서 완벽히 벗어나 펫 비즈니스의 첨단을 달린다. 온라인 플랫폼뿐 아니라 반려동물의 모든 것을 완벽히 처리한다는 E2E End to End 서비스로, 헬스케어와 보험상품까지 아우른다. '마스펫케어'도 반려동물 영양제와 헬스케어 서비스를 얹은 포트폴리오로 시장 확대에 나섰다. 반려동물이 관계욕구의 한 축을 차지하면서 비즈니스 판세도 바뀌는 양상이다. 유모차를 개조한 개모차도 인구변화에 따라 무게중심을 바꾼 상징사례다.

효도상품: 마처세대의 마지막 핏줄소비

효도시장의 클라이맥스는 지금부터다. 마처세대로 불리는 5070세대, 즉 요즘어른 1,700만 명의 효도 욕구가 정점을 향해 가속도를 내고 있어서다. 요즘어른의 부모세대가 초고령화로의 진입을 끝냈다는 점에서 부모 케어에 대한 관심이 증대한다. 수명연장과 효도욕구가 더해진다는 것은 거대 시장의 본격 개막을 뜻한다. 물론 불황과 효도는 부딪힌다. 고성장 후 기능부전에 빠진 한국사회에서 효자·효녀가 줄어든 배경이다. 하지만 정도의 차이만 있을 뿐 유교사회의 본능은 아직 건재하다.

무엇보다 자식의 도리가 의심받아서는 곤란하다. 마처세대인 요즘어른은 전통적 가치와 상황 변화의 대립 속에 효도수요를 비즈니스로 소화할 마지막 세대다. 아마도 요즘어른의 노년생활에서는 자녀로부터 받는 봉양이 사라지고 자립적 욕구 실현이 보편적 게임 규칙으로 자리 잡을 전망이다. 요컨대 자녀가 구입해서 부모가 사용하는 효도재가 아니라 본인이 구입해서 본인이 사용하는 생활재로 바뀔 확률이 높다. 관건은 구매력인데, '구매자≠사용자'인 쪽이 아무래도 지출 허들이 낮다. 본인보다 주변을 더 챙기는 관계소비의 전형적인 특징이다.

효도시장은 규모와 범위가 포괄적이다. 기존업계부터 신규주자까지, 라인업의 강화든 새로운 출사표든, 초고령화는 흡수할 수밖에 없는 흐름이다. 관계소비로서의 효도욕구는 구매자와 사용자가 다른, 한국 특유의 유교적 봉양 문화가 짙게 반영됐다는 점이 다르다면 다른 점이다.

효도상품은 시간 한정의 감정 재화

업계는 민첩하게 움직이고 있다. 부동산부터 여행, 유통은 물론 전자기기 등 내구소비재까지 효심을 소구하는 분위기가 강해진다. 돈을 쓸 자녀들을 설득하려는 정밀한 전략과 수단이 동원된다. 어쩌면 효도상품은 감정재에 가깝다. 부모님이 돌아가실 때까지라는 유통기한이 있으니, 촉박감과 애절함이 효도상품의 구매욕구를 강화한다.

관계욕구답게 손주사랑과도 매칭된다. 효도시장을 계기로 '자녀→부모'의 효도뿐 아니라 '부모→손주(자녀)'로의 외연 확대 가능성이다. 자신을 위해서는 저가 건강식품에만 지갑을 열던 노인이라도 돈독한 관계가 전제된다면 자녀·손주를 위해 기꺼이 쌈짓돈을 내놓기 때문이다. 특히 금전 사정이 여유로울수록 관계소비의 커버리지는 확대되는 경향성을 갖는다. 자녀·손주를 위한 선물 시장은 상속·증여로 이어질 수 있다. 효도의 보답차원에서 노인세대가 적극적인 관계강화형 소비주체로 변신할 수 있다는 얘기다. 효도의 확산과 노인 지출이 정비례하는, 관계소비의 파급적인 승수효과가 기대된다.

효도를 위한 신상품·서비스는 갈수록 늘어난다. 그간 힘든 시간을 보낸 시니어 마켓에서도 효도상품은 그럭저럭 선방했다. 구매력이 낮은 고령층을 설득해야 하는 시니어 마켓의 숙명과 불황의 압박에도 불구하고, 유교 전통과 감정 재화라는 면에서 버텨낼 수 있었다. 앞으로는 1,700만 요즘어른의 등장이 효도상품의 시장 전망을 밝게 해준다. 부모세대의 다사多死 행렬이 완료된다 해도 '본인구매→본인사용'의 연결 소비가 기대된다. 부모 소비를 통해 얻은 학습효과와 로열티 덕분이다.

효도상품 중에서도 '공존주거'란 키워드가 돋보인다. 앞선 2단계 건강욕구 중 간병대책 · 노후주거와도 연결된다. 2단계에서는 요즘어른이 소비 주체가 되지만, 3단계 관계욕구의 효도상품 중 '공존주거'는 소비 주체가 요즘어른의 부모다. 대표적인 사례가 요즘어른의 주거지 근처에 부모 주거를 배치하는 식이다. 부모의 간병 · 독거 위험을 낮추기 위해 부담스러운 동거보다 근거近居로 타협한 형태다. 세대공존형 주거모델은 재건축 · 재개발 프로젝트에도 반영된다. 효도욕구 해소에 제격인 까닭이다.

일본의 경우 효도시장 선두주자는 부동산이다. 근거近居 모델과 함께 최근 건설사의 대표상품은 '복합세대 하우스'로 집약된다. 2~3층짜리 단독주택에서 3세대가 모여 사는 수요에 부응하는 상품이다. 부모는 맞벌이를 하고 조부모와 손자가 일상생활을 즐기는 광고 이미지가 많다. 지방에 거주하는 부모를 도시로 모셔 와 함께 살자는 설득이다. 도시 공동화에 고전 중인 신도시에서는 단지를 나눠 세대복합형 거주 형태로 변신시킨 사례도 적잖다. 재건축을 할 때 한 동은 고령세대를, 인접한 다른 동은 현역세대를 위해 설계를 변경하는 경우가 최근 도쿄 인근 신도시에서 심심찮게 목격된다.

가까이 살거나 함께 여행하거나

효도상품 중 빈번히 목격되는 건 헬스케어 지향 제품이다. 한국에서도 바디프랜드, 세라젬 등을 필두로 한 헬스케어 제품들이 갈수록 확대된다.

어느새 거실을 장악한 안마의자만 해도 효도가 만들어낸 상징적인 풍경이다. 거액의 부담을 피하기 위한 구독경제도 시장 확대에 기여한다. 허리·무릎 등에 특화된 보급형 헬스케어 상품도 강화된다. 보험사는 배우자의 직계존비속까지 보험 범위를 확대한 헬스케어 서비스에 나선다. 요컨대 양가부모 서비스로 효도욕구를 실현해주는 것이다. 병원은 최고의 효도가 건강 확보란 점에서 건강검진 패키지를 내놓았다. 영양제·홍삼 등 보조식품도 빠지지 않는데, 비교적 저렴해 반복구매가 탄탄하다.

대가족이 해체되면서 1인화된 부모의 고립을 염려한 효도상품도 유력해진다. 이른바 '언택트(비접촉) 효도'로 관련 상품·서비스는 증가세다. 안부 확인 겸 대화 상대 겸 생활욕구를 챙겨주고자 하는 수요다. 가령 구몬의 시니어용 학습지라면 정해진 일시에 방문하므로 안부 확인, 정서 관리까지 기대되면서 치매 예방에도 좋다니 금상첨화다. 아예 대교는 학습지를 넘어 신체·정신적 관리 서비스까지 내놨다. 전문가가 방문해 고령 부모의 인지상태와 안부를 체크한다.

고전적인 건 삼시세끼, 즉 건강식 배달서비스다. 따로 사는 자녀일수록 고령 부모의 밥이 신경 쓰일 수밖에 없기 때문이다. 현대그린푸드 등은 노년식에 특화된 배달형 케어푸드를 효도 특화상품으로 마케팅한다.

효도여행은 아예 강력한 카테고리로 안착했다. 여행욕구는 노년그룹이 가장 애정하는 소비품목 중 하나다. 해외·국내를 불문하고 신체적, 금전적 여유가 유지될 때 여행을 소비하려는 경향성이 짙다. 단독보다는 동반이 압도적이다. 요즘어른의 노년 부모든, MZ세대의 중년 부모든 효도여행은 고전적이면서 확장적이다. 부모를 위한 여행상품은 맞춤형이란 점과 프리미엄 제품이란 성격을 모두 갖는다. 모녀여행 등 특정 테마를 녹여낸 특화상품도 갈수록 늘어난다. 고령 부모를 배려해 숙소를 엄선하고 숙소와 이동수단 등을 노인 눈높이에 맞춘다. 일본의 JTB는 아예 간병 자격을 갖춘 전문가를 대동해 만일의 사태를 대비한 상품까지 내놨다.

황혼인연: 마음이 외로우면 몸도 아프다

시대 변화와 현실 상황의 엇박자는 셀 수 없이 많다. 가족과 관련해서도 그렇다. 예전 잣대로는 설명하기 힘든 다양한 가족 모델이 만들어지고 있다. 고령인구의 새로운 가족 결성이 한 예다. TV만 봐도 이런 사례를 충분히 확인할 수 있다. 52세에 득녀한 방송인은 75세에 득남한 탤런트를 보며 안도한다. 40대 여배우와 사실혼 상태인 60대 중반 영화감독의 2세 임신 소식까지 가세한다. 연령 차이는 물론, 혼외 여부도 더는 족쇄가 아닌 시대다. 나 혼자 사는 중년싱글의 뒤를 이어, 환갑을 훌쩍 넘긴 할아버지뻘 아빠의 좌충우돌 육아 스토리가 화제다.

돈만 많으면 노후도 괜찮다는 인식이 많다. 자산 축적과 노후준비를 동일시하는 이유다. 하지만 돈으로 못 푸는 노년의 욕구도 있다. 그리고 그 핵심은 관계 효용이다. 결국 고독 타파는 노후 자금만큼 중대 이슈다. 특히 대화 상대는 노후생활의 품질을 가를 주요 변수다. 대화 상대 없는 독거노인이 행복할 수 없다. 사실 이웃사촌만 많아도 관계욕구는 상당히 해소된다. 먼 가족보다 가까운 이웃의 힘이다.

핏줄연대가 최선이지만, 어렵다면 상응하는 관계자본을 구축해야 한다. 가시권의 대체 모델은 이웃과 친구, 그리고 황혼인연이다. 과소화의 고민이 깊은 한국의 농촌사회가 아직까지 버텨내는 건 고령인구로 구성된 장기·안정적 연결고리, 즉 공동체 네트워크 덕분이다. 대부분 일상생활이 힘든 1인 가구이지만, 마을회관에 모여 집단생활을 함으로써 품앗이 노동력과 말벗을 확보했기 때문이다. 집에서는 잠만 자고, 나머지는 마을회관에서 해결하는 게 일반적이다.

동네미용실은 망하지 않는 이유

외로우면 더 자주 아프다. 인간은 사회적 동물이라 관계 속에서 존재 이유를 확인하기 때문이다. 은퇴 세대가 가장 답답해하는 것 중 하나가 관계 단절이라고 분석된다. 명함 덕에 유지됐던 관계가 일순간에 끊어지면 궁극의 정신적 고립 상태에 내몰린다. 은퇴 이후 관계 형성을 위한 사회적 데뷔가 중요한 이유다. 관계성은 쉽게 얻어지는 항목이 아니다. 여기서 관계욕구의 소비 지점이 설명력을 갖는다. 노후 만남을 주선하는 장치들이 새로운 비즈니스로 부각되기 때문이다.

거리 풍경만 봐도 초고령화의 관계욕구는 훌륭한 사업거리임이 확인된다. 골목상권에서 미용실이 사라지지 않는 이유다. 미용실은 고령친화 업종의 선두주자다. 초고령화가 시작됐으니 전망은 더 밝다. 숫자로도 뒷받침된다. 미용실(11만 개)은 부동산중개업소(9만 개), 커피숍(8만 개)보다 많다. 인구 1만 명당 숫자는 미국보다 10배 이상 많다(2020년). 프랜차이즈나 특화 샵 형태의 선도 사례도 눈에 띈다. 난립한 듯 보여도 다들 생존 중인, 불황에도 비켜선 알짜 업태로 꼽힌다.

그 이유는 크게 2가지다. 하나는 특유의 원가 절감형 사업모델이란 점, 다른 하나는 시니어 마켓의 3단계 소비욕구인 관계수요를 공급해주는 주요 생활공간이란 점이다. 고령인구의 항노화Anti-aging 욕구도 미용실의 생존능력을 높인다. 젊게 보이는 데 가장 효과적인 수단이 염색임은 두말할 필요가 없다. 미용실은 원가 부담이 적다. 대부분 개인 경영이고, 재료비가 매출액의 10%가 안 되어 수익성이 높다. 동네 장사라면 임대비도 그다지 부담스럽지 않다. 평생직업이라 은퇴 걱정도 없다. 고객에 맞춰 요금 조정도 자유롭다.

가장 중요한 건 관계수요의 공급이다. 동네미용실은 기술 차이보다 정신적인 만족감이 더 중요하다. 여기서 단골이 만들어진다. 사적 교류 장소이자 심리적 치유공간일 때 존재감은 더 커진다. 미용실은 중 · 고령 여성의 동네 사랑방과 같다. 머리 손질을 계기로 모임 장소를 제공받을 수 있고 커뮤니티의 정보수집도 할 수 있다. 골목상권이 다 망해도 최후까지 버틸 점포는 아마도 편의점과 미용실일 것이다.

은퇴 남성에게 꼭 필요한 '토모카츠'

그런데 미용실에 가는 아줌마나 할머니는 사정이 나은 편이다. 문제는 회사인간의 관계 상실이다. 은퇴한 남성의 관계 단절은 심각한 사회문제다. 새로운 취미와 교류를 통해 후반 인생을 꿈꾸지만 녹록지 않다. 할 일

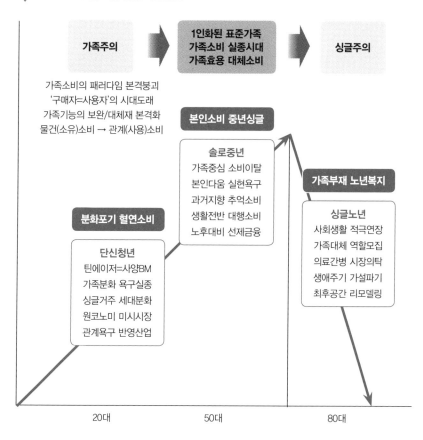

1인화의 새로운 시장 조성 시나리오

가족주의 → 1인화된 표준가족 가족소비 실종시대 가족효용 대체소비 → 싱글주의

가족소비의 패러다임 본격붕괴
'구매자=사용자'의 시대도래
가족기능의 보완/대체재 본격화
물건(소유)소비 → 관계(사용)소비

본인소비 중년싱글

솔로중년
가족중심 소비이탈
본인다움 실현욕구
과거지향 추억소비
생활전반 대행소비
노후대비 선제금융

가족부재 노년복지

싱글노년
사회생활 적극연장
가족대체 역할모집
의료간병 시장의탁
생애주기 가설파기
최후공간 리모델링

분화포기 혈연소비

단신청년
틴에이저=사양BM
가족분화 욕구실종
싱글거주 세대분화
원코노미 미시시장
관계욕구 반영산업

20대   50대   80대

이 없다는 무력감은 가족 전체를 불행으로 내몬다. 특히 은퇴 가장의 칩거는 아내의 스트레스로 연결된다. 일본에서 화제를 모은 '재택남편 스트레스 증후군'이 그렇다. 실제 제2의 인생살이가 힘겨운 남성이 많다. 성격마저 소극적이라면 종일 집안에 머물며 고립된다.

해법은 새로운 관계 설정뿐이다. 동일 지역, 동일 취미와 지향을 공유하는 동년배와 모임 활동을 시도하는 게 대표적이다. 일본에서는 생활반경 안에 친구를 만드는 것을 토모카츠友活라 부르는데, 취직활동(就活=슈카츠)이나 결혼활동(婚活=콘카츠)처럼 유행어가 되었다. 방법은 많다. 쓰레기 분리수거를 하면서 동년배 이웃과 사귀거나 근처 상점의 단골이 되는 게 비교적 손쉬운 토모카츠다. 다양한 커뮤니티가 주최하는 모임에 정기적으로 참가하는 것도 좋다. 취미·운동 등 동호회가 대표적이다.

관계자본은 다양한 아이디어로 사업화된다. 주로 취미·특기 등을 공유하는 오프라인 모임을 알선하는 중개업이 많다. 일부는 여행코스에 연령 조건을 넣어 친교 기회를 주선한다. 친구를 잘 사귀도록 전문적인 컨설팅을 해주거나, 관련 정보를 취합해 일종의 플랫폼을 제시하는 벤처회사도 있다.

주요 타깃은 고령 남성이다. 여성은 초대면의 대화에 거부감이 없지만, 남성은 명함 교환 없는 커뮤니케이션이 낯설다. 이들에게 만남의 기회를 제공하는 것은 새로운 틈새사업이다. 1,700만 요즘어른이 초고령화에 올라타면 시장 확장은 자연스럽다. 단순교제를 넘어 새로운 활동까지 추가되면 관계자본은 한층 강력해진다.

4단계

유희*Play* 욕구,
더 늦기 전에 '렛츠 플레이'

노화방지: 젊어진다는 치명적 유혹

시니어 시장의 4단계 소비욕구를 정리하는 키워드는 '유희Play'다. 1~3단계의 욕구가 일정 수준 확보되면 유희욕구로 니즈가 확대된다. 빈곤한 노년이 소비하기는 어렵기에 기존시장에서 부각되지 않았지만, 경제력을 갖춘 요즘어른이 전면에 등장하면 큰 비중을 차지할 분야다.

앞 단계의 생활, 건강, 관계를 확보한 후, 자신의 현역생활에 대한 보답과 위로 차원에서 생활 유희를 추구하려는 심리기제다. 즐기는 노후생활을 위한 소비영역으로는 노화방지, 생활유희, 취미학습, 추억반추 등이 예상된다. 시니어 마켓의 성공을 위해서는 4단계 유희욕구와 뒤이어 다룰 5단계 희망욕구를 좇는 제품·서비스의 안정적인 공급체계가 필수다.

원래 유희욕구는 청년세대의 전유물이었다. 묵직한 삶을 살아온 노년그룹에게 놀이인간 '호모루덴스Homo-Ludens'는 낯설기만 하다. 70대에 진입한 요즘어른 중 선배부머만 해도 풍류를 즐길 환경이 되지도 않았을뿐더러 의지도 없는 경우가 많다. 하지만 지금부터는 다르다. '노는 노년'이 신풍경으로 떠오를 전망이다. 이런 변화는 요즘어른의 대량등판으로 본격화된다. 덜 늙기 위해 젊음 유지에 돈을 쓰고, 삶의 유희를 낙으로 삼을 뿐만 아니라, 살아 있는 한 배우는 데 매진하고, 왕년을 떠올려 줄 추억반추에 지갑을 여는 것이 요즘어른의 표준이기 때문이다. 정리하면, 추억의 만기연장과 노년의 지적 유희에 주목할 때다.

한국에 최적화된 에이지테크

2025년 CES(국제전자제품박람회)는 노년의 유희를 돕는 신기술 무대였다. 에이지테크AgeTech가 핫 트렌드로 부상하며, 시니어를 위한 기술이 새로운 노년생활을 열어줄 것으로 기대된다. 특히 에이지테크와 AI가 융합된 혁신 제품들이 시선을 끌었다. 안전하고 건강하게 노년을 보내는 기술이 세계적인 관심사로 떠오른 것이다.

노화라는 불가역적인 변화에 저항하려는 노년그룹에게 에이지테크는 치명적인 유혹이다. 기술혁신까지 맞물린 초고령화는 에이지테크를 새롭게 쓸 전망이다. 요즘어른이 대기 중인 한국시장은 인류 최초의 성장환경을 두루 갖추었다. 2025 CES 현장은 한국의 요즘어른이 혹할 만한 혁신기술로 요약된다. 그만큼 초고령화와 혁신실험, 그리고 한국 상황은 정합적이다. 초고령화는 혁신기술을 통한 패러다임 전환으로 이겨낼 수 있고, 이때 테스트베드는 한국이 될 수밖에 없다. 노년을 떠받치는 절대 반지가 '기술'이란 뜻이다.

항노화는 1순위 프론티어 시장으로, 대기업의 주도 속에 스타트업·벤처기업 등이 가세하며 다양한 제품·서비스가 하루가 다르게 출시된다. CES에도 매년 에이지테크 특집 부스가 배치되며 첨단시장으로 자리 잡는 모양새다. 잠재수요는 늘어나는데 비용·인력이 부족하다면 강력한 혁신기술로 시장을 창출하려 한다. 경쟁은 더 치열해진다. 하나같이 정부의 예산지원과 규제 완화로 신기술과 고령자가 만나는 접점을 늘리도록 한다. 미국·영국·일본 등은 특화 체계를 가동해 정부예산이 벤처기업·돌봄산업·로봇대체 등을 활성화하도록 유도한다. 중국조차 고령자 사업을 국가전략으로 격상시켜 발전방안에 포함했다(2021년).

에이지테크를 전략산업으로 편성해 성장동력을 키우고 복지의 틈새를 막을 주력 방안으로 삼아야 한다. 일단 정책 대상으로 편입되면 망원경(장기적 관점)과 현미경(자원 배분)을 모두 강화할 수 있다. 개별부처의 단발사업으로는 거세지는 국제경쟁에서 이기기 어렵다. 동시에 모든 부처를 총괄하는 상위 컨트롤 타워를 통해 전체를 파악하고 부분을 연결하는 시너지를 최대화해야 한다. 대부분 선진국들이 관련 부처의 협력 체제로 종합 계획을 추진한다는 점에서 벤치마킹해야 할 이유는 충분하다.

의류, 화장품, 자동차도 노인 전용

항노화가 비즈니스로 연결된 선행사례는 일본에 많다. 에이지테크가 반영된 혁신기술형 사업은 초기 단계이지만, 일상에서 항노화 욕구를 실현하려는 비즈니스는 만들어지고 폐기되기를 반복한다.

예를 들어, 도쿄의 1급 상권에 출점해 화제를 모은 '도클라세DoCLASSE'는 노년 의류의 시장가치를 증명했다. 멋진 패션 감각을 선보이는 반백의 중년모델이 메인 간판을 차지하며 핫스폿으로 자리매김했다. 도심 한복판, 패션의 중심지에 중고령 의류 브랜드가 입점했다는 것은 피벗 전환의 부가가치를 잘 보여준다. 40대를 넘기면 체형이 무너지기 시작한다는 점에서 체형 보정 기능에 주목했다. 팔뚝이나 허리둘레 등 외견상 뚜렷하게 보이는 라인을 커버하는 실루엣이 특징이다.

화장품 분야야말로 항노화Anti-Aging에 진심이다. 시니어 전용 신규 브랜드와 상품이 경쟁적으로 발매된다. 시세이도는 '프리올' 브랜드를 내세워 33개의 전용상품을 출시했다. '카오'가 내놓은 50대용 아이섀도는 시장점유율이 급증했다. 잡기 편한 용기에 간편하게 색조를 표현할 수 있다는 기획이 먹혀들었다. 중년 전용 파운데이션은 매년 두 자릿수 성장세다. 왕년의 여배우를 광고 모델로 발탁하는 등 마케팅도 뜨겁다.

시니어 화장품의 특징은 늙음에 대한 배려와 존중이다. 큰 글자의 설명서는 물론 한 번의 터치로 짙은 색조가 연출되고, 악력이 약해도 쉽게 사용하도록 용기 모양을 바꾼다. 포인트는 '즐겁고 손쉽게'다. 뚜껑과 개폐 부분을 몸통과 다른 보색으로 배치해 노안에도 대응했다. 일부 제품은 케이스 내부에 확대경까지 붙인다. 외부는 잘 미끄러지지 않도록 요철 처리를 한다. 피부 트러블과 화장술 부족 등은 한계로 거론된다.

안경도 '청년(근시)→노년(노안)'으로 무게중심을 옮긴다. 원래 안경의 핵심 타깃은 학생그룹이었다. 안경 시장은 저가·교체 수요로 성장해왔다. 하지만 저출생으로 흐름이 끊겼고, 업계는 노안과 노인성 질환, 그리고 패션까지 염두에 둔 노년인구의 안경 수요에 집중한다. 청년 이탈과 노년 가세가 확실해진 분야에는 자동차도 있다. 가족 수요과 청년시장만으로는 성장이 힘들어졌기 때문이다. 최근 60대 이상에 주목한 특화형 차량이 관심을 모으고 있다.

생활유희: 오늘이 제일 젊은 날

요즘어른의 달라진 기준질서 중 하나가 '나 중심'이다. 50대 신입부머로 넘어갈수록 본인 중심성은 강조된다. 외부시선보다는 본인의 가치와 자아실현이 우선시된다. 그중 하나가 늙음과 놀이의 만남이다. 평생 일만 했으니 이제는 본인을 위해 살겠다는 욕구부터 더 늦기 전에 후회 없이 놀아보 겠다는 욕구까지 다양하다. 노년 빈곤에서 벗어났기에 창조되는 신 인생 론이다.

문제는 잘 놀아본 경험도 없고 놀 수 있는 판도 별로 없다는 것이다. 마처세대의 운명을 떠올리면 놀 여유도, 대상도, 의지도 없다는 현실 한계가 부각된다. 그나마 직장이 놀이터였는데, 은퇴 압력은 이를 근본적으로 분리·제거한다.

방법은 양수겸장이다. 현업과 노후준비를 함께 하는 것이다. 일상의 노동(소득)을 하면서 놀이(취미)를 몸에 익히는 게 최선이다. 아니라면 노년 이후 적극적인 편입이 권유된다. 자원을 균형 있게 배분해 엄숙사회 속에서도 유희욕구를 실현해내야 한다.

한편 업계는 환영이다. 잘 놀아보려는 요즘어른의 대거 등장은 전에 없던 시장을 열어젖힌다. 소수의 반짝 관심이 아닌 초고령화의 메가 트렌드라면 여기에 맞춘 전략 변화는 자연스럽다. 라인업의 강화든 새로운 진출이든 노년의 생활유희를 해소해줄 새로운 접근이 필요하다. 은퇴인구에게 저렴하고 효과적인 생활유희를 제공하는 수단은, 생활반경에서 큰 부담 없이 즐길 수 있는 간단한 오락거리로 시작된다. 스트레스를 줄이고 삶의 만족도를 높여 노후생활의 행복이 고도화되기 때문이다.

장난감, 완구도 향시니어

당장 교구·장난감 업계가 노년시장에 등장했다. 아동의 근육 발달이나 두뇌교육을 위해 장난감을 만들어온 경험이 노년층의 치매 예방과 유희 증진으로 전환하는 데 최적이기 때문이다. 미국의 '에듀케이셔널인사이트'는 두뇌 활용형 장난감인 '브레인볼트'를 선보였는데, 이것이 향시니어의 상징 제품으로 안착했다. 실제 제품 패키지의 연령 표기에 '7~107세'라고 되어 있어 화제를 모았다. 램프 20개에 각각의 컬러를 무작위로 적용해 그 순서를 기억한 후 그대로 누르는 방식이다. 고령인구라면 유희에서 치매 예방까지 기대할 수 있다.

브레인볼트의 성공은 미국의 VC 업계가 향시니어의 투자사례를 찾아나서는 붐까지 만들었다. 레고는 유아뿐 아니라 노인에게도 적합한 '레고크리에이터'를 출시했는데, 가족단위나 고령시설에서 수요가 많다. 유아용 디지털 교구를 만들던 플레도Playdo는 노년층 치매 예방용 디지털 블록 제품을 출시했다. 피벗 전환으로 노년층을 흡수하는 전략을 채택한 것이다.

장난감회사로 유명한 일본 반다이는 타깃을 '어린이→고령자'로 전환했다. '고령자+장난감'을 연결시키는 아이디어로 업계표준을 주도하고 있다. 일례로 신체를 움직여야 하는 장난감은 칼로리 표시로 운동효과를 알려준다. 아동고객을 배려해 소형화했던 장난감을 고령고객을 위해 더 키워 접근 장벽을 낮췄다. 글자를 키우는 건 당연지사다. 손주와 함께 즐기는 장난감이란 광고문구로 내리사랑을 강조한다. 이들 아이디어는 어렵잖게 현실화할 수 있다는 점이 고무적이다.

일본 고령자의 생활유희를 실현하는 상징 공간은 '게임센터'다. 노년인구에게 파친코만큼 인기 많은 일종의 아지트가 되었다. 사양산업으로 전락한 레저·오락업계는 고령인구의 집단 데뷔에서 활로를 찾는다. 여가활동의 주력 연령이 10대에서 60대 이상으로 변화했다는 게 정설일 정도다. 노년의 욕구 중 1~3단계인 생활, 건강, 관계욕구가 일정 부분 충족되면 자연스레 유희욕구로 이어진다. 주로 중산층 이상의 돈과 시간, 그리고 신체능력을 겸비한, 이른바 액티브 시니어가 대상이다.

노래방, 게임센터, 방송도 타깃 전환 중

노래방만 해도 곧 요즘어른으로 재편될 분위기다. 일본은 이미 6080세대의 비중이 뚜렷한 증가세다. 청년고객만으로는 생존 자체가 힘들기에 할인 행사를 비롯한 각종 혜택을 제공하는 것도 상식이다. 고령 특전의 요금할인과 음료·과자 무료 제공은 일반적이다. 치매 예방 프로그램을 비롯해 혈압측정·마사지 등 건강 메뉴까지 갖춘다. 바둑·마작·장기 등은 기본이고 일부는 손자용 놀이시설도 마련했다. 고령자 전용 점포도 있다. 회비를 내면 노래·요가 등 80종류의 레슨을 해주고 건강식까지 제공한다.

업계를 넘나드는 협업모델도 있다. 노래방과 편의점을 합한 일체형 점포가 그렇다. 노래방에 외부음식 반입이 허용됨으로써 상생효과도 누린다.

앞에서 말한 게임센터도 노인고객의 눈높이에 맞춘 접객 서비스를 선보인다. 돋보기 무료 대여는 기본이고, 장시간 앉아 게임을 즐기도록 푹신한 의자로 대체했으며 직원교육을 통해 고령고객의 만족도를 높이고 있다. 결과는 긍정적이다.

노인 고객 서비스를 강조한 회사일수록 미약하나마 매출 증가가 목격된

◎ 요즘어른의 4단계 유희욕구 소비키워드

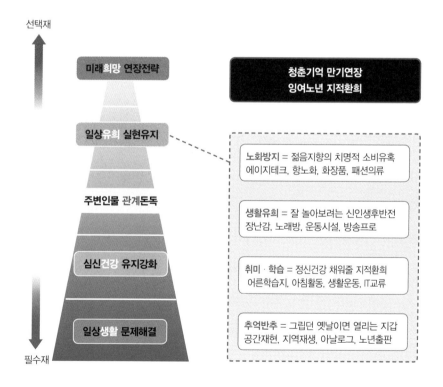

선택재

미래 희망 연장전략

청춘기억 만기연장
잉여노년 지적환희

일상유희 실현유지

노화방지 = 젊음지향의 치명적 소비유혹
에이지테크, 항노화, 화장품, 패션의류

주변인물 관계돈독

생활유희 = 잘 놀아보려는 신인생후반전
장난감, 노래방, 운동시설, 방송프로

심신건강 유지강화

취미 · 학습 = 정신건강 채워줄 지적환희
어른학습지, 아침활동, 생활운동, IT교류

일상생활 문제해결

추억반추 = 그립던 옛날이면 열리는 지갑
공간재현, 지역재생, 아날로그, 노년출판

필수재

다. 입소문이 나면서 고령자의 소통 장소로도 각광받고 있다. 일부는 전용 휴게실까지 갖춰 사교장으로의 변신을 시도하고 있다.

고령자의 유희욕구가 확인되는 대표적 분야엔 방송계도 있다. 예능이든 드라마든 내용과 인물의 고령화가 뚜렷해진다. 시청자의 연령 구성이 변하니 눈높이가 달라지는 건 당연지사다. 간병, 빈집, 상속, 치매, 무연사망, 구매난민, 노후자산 등 고령 이슈는 단골 주제다. 처음엔 다큐멘터리, 토론 등 사회문제를 다루는 프로그램에 한정되었으나, 이제 드라마까지 넓혀졌다. 연애드라마 주인공이 20대라는 고정관념은 깨진 지 오래다. 50대까지 주연으로 등장한다. 일본엔 시니어를 타깃으로 한 만화영화(昭和物語)도 있고, 50대 여성에 포커스를 맞춘 여성지도 적잖다.

방송이든 광고든 타깃 고객은 황혼인구로 맞춰진다. 광고주 입김에서 자유롭지 못한 방송업계가 중·고령 고객을 위한 프로그램 제작에 몰두하는 건 자연스럽다. 중·고령층의 높은 시청률 및 구매력을 감안하면 달라진 시대의 단면일 수밖에 없다. 신규 드라마는 물론 재방송되는 드라마도 태반은 중·고령자가 좋아할 만한 것들이다. 이들이 좋아했던 예전 명작도 자주 재방송된다. 짧게는 20년, 길게는 40~50년 전 활약한 가수가 재등장해 시니어의 추억을 소환하기도 한다. 버라이어티 방송도 40대부터 6070세대가 고정 자리를 꿰차고 있다.

취미학습: 지적 호기심과 배우는 기쁨

평생공부도 노년기 생활유희의 한 축을 차지한다. 취미·학습을 통해 일상 유희를 더 길게 가져가려는 욕구다. 은퇴 이후 새로운 강좌에 등록하거나 취미형 강습 시작, 도서관 출퇴근 등이 대표적이다. 취업·창업을 위해 써먹을 건 아니지만 자기만족이나 지적 효용을 위한 수요다. 실제로 판단력과 사고력은 한정된 자원으로 의사결정을 해야 하는 은퇴 시기에 더 필요하다는 얘기가 많다. 효율적 학습능력의 부재는 장수사회 생존에 치명적이다. 본인에게 맞는 공부법의 수요가 많은 이유다.

은퇴 품질을 가를 유희는 놀이로만 완성되지 않는다. 끊임없는 배움이 겸비될 때 비로소 생활의 질도 높아진다. 돈이 많아도, 사람이 넘쳐도, 즐길 게 많아도 그것만으로 행복을 장담할 수 없다. 배움을 통한 성취는 갈수록 길어지는 노후생활의 품질을 결정할 주요 변수다.

요즘어른은 상상과 사유가 멈추면 늙고, 배움과 학습이 멈추면 쓰러진다는 말에 동의한다. 특히 90년대 대학을 다닌 고학력의 요즘어른(신입부머)은 은퇴 이후의 평생교육에 신경 쓸 확률이 높다. 배우는 스트레스보다 알아가는 즐거움이 크니, 부담이 적고 자기만족도 높아지는 구조다.

고령화된 선진국일수록 취미·학습은 작지만 꾸준한 소비영역을 구축한다. 현역시절 포기해야 했던 공부를 은퇴 이후 적극적으로 시작하는 경우가 적잖다. 한국도 늘어나는 추세다. 지역 은퇴자를 대상으로 한 지자체의 생활교육만 해도 인기가 높다. △부족한 프로그램 라인업 △부진한 학습의욕 발굴 △높은 진입장벽 등이 개선되면서, 최근에는 민간 영역의 자발적인 비즈니스로까지 확대되는 추세다.

고령자의 긴 아침, 조조할인으로 대응

일본은 오랫동안 은퇴 이후 취미 모색이라는 숙제에 고전해왔다. 성과는 미미하다. '은퇴인구=취미학습'은 역부족이었다. 서구와 달리 활동성이 떨어지는 아시아적인 특징이 거론된다. 다행스러운 건 변화 조짐이다.

취미ㆍ학습활동으로 사회참가의 끈을 유지하려는 노년그룹이 증가세다. 건강과 유대를 챙기는 스포츠와 지역행사 등이 인기다. 배우려는 노인도 늘었다. 제도와 정책이 강화되며 자기계발에 참여하는 노인층의 빈도와 규모가 증가했다. 선배세대의 학습효과를 통해, 돈보다 중요한 노후 가치와 새로운 취미 영역을 연결하기 시작한 것이다. 노년 취미야말로 관계돈독의 메인 장치이기 때문이다.

일본에서도 시니어의 취미ㆍ학습은 틈새시장 차원이지만, 학령기 인구감소를 감안할 때 곧 본격적인 전략 수정이 활발해질 예상이다. 가령 재수학원의 경우 대규모 교사校舍 폐쇄가 잇따르면서 새로운 고객발굴을 위해 고전 중이다. 한국도 뒤따른다. 은퇴 이후 학습과 치매 예방에 유효하다는 평을 받는 성인용 학습지 '구몬 액티브라이프'가 대표적이다.

아동 학습지와 같이 구몬선생님이 주 1회 방문해 학습관리를 돕는다. 설마 했는데, 출시 4주 만에 1만 건의 계약을 달성했다. 아직은 50대가 주류 이지만, 6070세대의 합류 속에 한자·영어·일본어 등 외국어가 인기를 선도한다. 향후 라인업이 강화되면 노년생활 30년을 책임질 훌륭한 교육 도구로 자리 잡을 전망이다.

일부는 시니어의 특징적인 라이프스타일을 적극적으로 수용한 사업모 델을 선보였다. 일례로 늙으면 줄어드는 아침잠을 학습의 기회로 연결시 킨 시도다.

학원, 세미나, 운동 등 시니어의 아침 활동을 유도해 부가가치를 창출하 는 식이다. 노인은 대개 6시 이전에 일어난다. 기상 후 어영부영 TV 보며 밥 먹는 스타일이 보편적이다. 7시면 할 일이 없어지는 셈이다. 특별한 취 미나 일이 없다면 멀뚱멀뚱 보낼 수밖에 없는 고독의 시간이다. 반면 인근 상점은 빨라야 9~10시 오픈이다.

여기서 틈새수요가 도출된다. 아침을 활발하게 보내려는 노인수요에 발 맞춘 제품·서비스의 제안이다. 일단 스포츠 및 레저시설이 적극적이다. 오픈시간을 앞당겨 시니어의 긴 아침에 대응한다.

탁구, 배드민턴 등 중고령이 선호하는 운동을 할 수 있는 곳은 아침 일 찍 문을 열어 시간 낭비를 막는다. 전통음악, 피아노 등의 교습소도 아침 의 무료함을 달래려는 시니어를 대상으로 각종 혜택을 내세우며 고객몰이 에 나선다. 아침 5~8시 이용 고객에게 할인 혜택을 준 볼링장은 시니어로 문전성시를 이뤘다는 후문이다. 극장의 조조할인도 여기에 해당한다. 고 령인구가 선호할 만한 작품을 선별해 아침에 편성한다. 어차피 비는 시간이니 추가 수익이 기대된다.

요즘어른이니까 유희도 인터넷으로

인터넷 등 IT 기술의 발전은 은퇴세대의 유희욕구를 더욱 부채질한다. 요즘어른은 인터넷·디지털에 친숙하다. 현역시절 IT에 노출된 베이비부머는 은퇴 후 가상공간을 적극적으로 활용할 전망이다. 가상공간은 늙음에 맞설 수 있는 적재적소의 공간으로 부각한다. 노인에 대한 기존 고정관념으로는 이해하기 힘든 풍경이다.

요즘어른의 인터넷 적극 활용은 다양한 기대효과를 갖는다. 인터넷은 일정한 거리를 유지하며 커뮤니케이션 밀도를 높여주는 접촉 도구로 좋다. 지혜의 주머니답게 노인인구와 청년인구를 연결하는 기능도 한다. 무엇보다 정신건강을 지키는 데 긍정적이다. 고령층도 관리 여하에 따라 능력 발휘가 가능하며 이때 인터넷은 중요한 지지기반이다. 이미 인터넷은 필수 불가결한 소통장치이자 유희의 대상이 됐다. 요즘어른의 유희욕구는 이곳으로 집중될 수밖에 없다.

'스마트 시니어'란 신조어도 거든다. 스마트폰, 태블릿PC 등으로 무장한 노인인구는 향후 IT기기의 확대·보급으로 더 스마트해질 전망이다. 가상공간에서의 소통도 활발하다. 유튜브가 생활필수품이 됐다는 말처럼 휴대폰을 손에서 놓지 않는 고령인구는 숱하게 많다. 극단적인 정치집단이 문제가 될 정도로 사회문제부터 본인의 취미까지 마음만 먹으면 다양한 가치를 실현해줄 놀이판은 준비됐다. 요즘어른의 젊음·유희 지향성은 한국 사회가 주목해야 할 사회풍경이자 유력한 사업 기회다.

추억반추: 그리운 옛날이 돈이 된다

늙으면 추억으로 산다는 말이 있다. 은퇴생활의 생활유희를 한층 풍족하게 해줄 접점은 '추억→행복'으로의 연결이다. 한국사회에서도 7080이란 키워드는 추억소비의 대표주자다. 전용 카페는 물론 시대 상황을 집약한 박물관·공원 등의 전시 현장이 인기다.

종영되었지만 여전히 재방송되고 있는 '응답하라 1988' 같은 드라마도 파워풀하다. 레트로는 유행을 넘어 주류 장르로 안착했을 정도다. 당시의 인기 제품이 재출시되며 추억의 반추를 완성한다. 아파트에 밀려 소외됐던 단독주택마저 몸값을 높인다. 추억 공략은 히트상품의 코드다.

재출시, 부활 등의 단어가 붙은 상품이 줄을 잇는다. 그립던 옛날로 안내해주는 제품·서비스라면 은퇴세대의 지갑이 손쉽게 열린다. 1,700만 요즘어른의 등장과 함께 추억 비즈니스는 한층 강력해질 전망이다.

사실 요즘어른의 추억반추만큼 강력한 소구지점은 찾아보기 어렵다. 한 세대가 과거와 미래를 동시에 확인하는 이슈이니 가성비가 어마어마하다. 통상 모객 전략은 저비용·고효율이 핵심인데, 요즘어른의 추억반추는 품질만 확실하면 고가 전략도 얼마든 먹혀들 분위기다. 실제 요즘어른의 과거를 재현한 유명 공간을 살펴보면, 꽤 부담스러운 가격대임에도 기꺼이 추억 속으로 뛰어들려는 베이비부머를 쉽게 만날 수 있다. 경험소비에 공감가치까지 더해져 값어치가 높아진 것이다.

거대시장으로 성장한 일본의 '쇼와레트로'

일본에서도 추억반추는 중요한 성공 화두다. 소득이 확인된 5060세대마저 뛰어들며 추억반추 시장을 견인한다. 고령과 청년을 연결하는 화두란 점도 중요하다. 이쪽저쪽에 걸친 연결 소비의 이점이다. 이때 추억을 매출로 연결시키는 전략은 감성 마케팅이다. 먹고살 만할수록 추억은 확실히 돈이 된다. 추억을 내세워 성공한 제품·기업도 많다. 매년 발표하는 10대 히트상품 중 1~3개는 추억 키워드로 정리된다.

압권은 '쇼와레트로'다. 쇼와昭和란 1926~89년까지 63년에 걸쳐 사용된 일본의 연호다. 2000년대 이후 급부상한 쇼와레트로는 옛날을 그리워하거나 회고적인 느낌을 떠올릴 때 자연스럽게 쓰이는 일반명사다. 쇼와레트로는 전쟁 직후의 경제회복·성장기를 지칭한다. 전쟁이 끝난 후인 쇼와 30년대(1955~64)가 핵심 기간이다. 희망과 열정, 역동적 에너지로 고도성장을 이룬 시기다. 학생운동과 환경오염으로 떠들썩했던 쇼와 40년대(1965~74)와는 분위기가 다르다. 똑같은 추억이되 40년대는 떠올리고 싶지 않은 듯하다.

쇼와레트로는 다양한 형태로 진화한다. 특히 몰락 중인 지자체의 재생 카드와 일반기업의 마케팅 전략에 자주 활용된다. 쇼와를 모티브로 한 박물관·테마파크도 급증세다. 요코하마 라면박물관이나 오다이바 재현거리 등은 유력한 관광코스로 안착했다. 도쿄 인근의 오우메青梅도 뺄 수 없다. 추억반추로 지방 부활에 성공한 지자체도 있다.

오이타大分현 분고타카다豊後高田시는 쇼와레트로 붐으로 부활도시의 대명사가 됐다. 간판과 건물을 옛날식으로 바꾸고 각종 도구와 전시품 등을 통해 과거로의 시간여행에 동참했다. 덕분에 관광객뿐 아니라 정주인구까지 늘어나는 성과를 거뒀다.

추억시장에 도전장을 던진 기업은 많다. 음료 시장 중 쇼와상품의 선두주자는 하이볼(산토리)이다. 위스키와 탄산수를 섞어 만든 하이볼은 쇼와 시대를 살았던 사람은 물론이고, 최근 2030 여성고객에게 인기 절정이다. 한국에서도 하이볼을 파는 술집이 늘면서 위스키 판매를 견인할 정도다. 은은한 맥주 맛의 청량음료 홋피(홋피비버리지)의 인기 부활도 쇼와레트로의 결과물이다. 돈 없던 시절 홋피와 소주를 섞어 먹던 기억을 떠올리는 중장년 고객 덕분이다.

1958년 일본 최초로 맥주를 캔에 넣어 팔기 시작한 아사히맥주는 시판 당시 패키지를 그대로 살린 한정판을 발매해 인기를 모았다. 쇼와 시절 음료 부활은 중장년의 그리움과 청년층의 신선함이 합쳐진 결과다. 산토리의 '긴무기'는 쇼와 이미지를 시리즈화한 광고로 상당한 효과를 봤다.

추억열차부터 고령출판까지

서비스 시장도 추억반추 행렬에 동참한다. 케이한전철은 열차 내부의 분위기를 1950~60년대로 바꾼 '쇼와레트로 맥주열차'를 선보였다. 오오츠大津 시내를 하루 한 차례 왕복하며 열차 내에서 맥주를 마시는 상품인데 우체통, 다이얼 전화, 옛날 엽서 등 추억의 소품을 곳곳에 배치해 만족감을 높였다.

기계 업계도 추억반추 제품을 출시한다. 혼다는 '리턴 라이더Return Rider' 캠페인을 통해 떠나버린 과거의 고객을 불러 모으는 데 역점을 둔다. 오토바이 시장은 불황이다. 유력한 출구전략은 예전에 오토바이를 즐기던 중년 고객을 다시 부르는 것이다. 신체기능은 떨어져도 욕구는 여전하다고 봐서다. 이는 승차감과 안전성이 강화된 오토바이 개발로 이어졌고, 상당한 성과를 거둔 것으로 알려졌다.

카메라도 이 대열에 동참한다. 올림푸스의 PEN 시리즈가 대표적이다. PEN 시리즈는 1960년대 대중 카메라로 등장해 큰 인기를 모은 전설적인 상품인데, 이것이 지금 디지털카메라로 부활한 것이다. 디자인은 초기모델을 답습했지만 젊은 층에도 통하도록 세련미를 더했다.

골수팬이 많은 아날로그 레코드판도 빼놓을 수 없다. 레이저 턴테이블(엘프)은 침 대신 레이저를 사용해 마모 염려 없이 영구히 음악을 들을 수 있다는 점에서 400억 장 규모의 아날로그 레코드 시장에 신선한 충격을 안겼다. 미세한 수작업으로 작업해야 해서 연간 200대밖에 못 만들지만 주문이 많다. 쇼와레트로에 약간의 변화만 얹어도 많은 이들이 공감할 히트상품이 된다는 사례로 충분하다.

　추억반추를 기록으로 남기는 시도도 있다. 고령 출판이 그렇다. 인생경로를 복기하며 본인의 삶을 정리하고 후대에 메시지를 남기려는 시도다. 노인 저자 발굴을 위해 공모전을 여는 출판사까지 생겨났다. 고령 저자 붐에 불을 지핀 이는 소노 아야코曽野綾子다. 그는 2010년 80세 넘은 나이에 『늙음의 재각老いの才覚』이란 책을 써서 100만 부를 가볍게 넘긴 베스트셀러 작가가 됐다. 『약해지지 마くじけないで』란 시집은 평범한 노인도 베스트셀러 작가가 될 수 있음을 증명했다. 평범한 할머니 시바다 토요柴田トヨ가 99세에 출간한 처녀시집인데, 10개월 만에 100만 부 판매를 기록했다. 앞의 사례들은 수많은 동년배와 후배노인들의 벤치마킹 모델로 기억된다.

5단계
희망*Dream* 욕구,
마지막까지 행복하기

자유이동: 꿈과 희망을 좇아서

5단계 소비욕구는 '희망 혹은 꿈'이다. 이 말들은 미래에 방점을 찍는다. 원래는 청년 전용의 단어지만, 요즘어른의 노년생활에서는 깊숙이 체화되고 채택된다. 요즘어른에게 보다 나은 내일을 위한 결심과 행동은 자연스럽다. 미래의 편익을 위해 현재의 인내조차 수용한다. 그까지는 아니더라도, 더 좋은 삶을 최대한 연장하려는 욕구는 탄탄하다. 그렇다면 현역과 다르지 않다는 뜻이다. 멈추지 않으면서(자유이동), 세계 어디든 다니고자(여행욕구) 한다. 살던 곳에 살면서 위험자산은 줄이라는 생애주기가설은 거부된다(도시집중, 자산운용).

자유이동은 말 그대로 이동권의 확보를 말한다. 5단계 희망욕구를 실현하자면 꼭 필요한 전제조건이 이동할 수 있는 권리다. 못 움직일수록 희망은 줄어든다. 이동을 해야 집안 생활의 한계를 뛰어넘고 확장된 경험을 누릴 수 있기 때문이다. 이를 구체화한 키워드가 고령인구의 여행욕구다. 이는 맞춤형 여행수요로 이어진다. 아예 생활거점을 옮기는 거주 이전형의 도시집중도 있다. 노년생활의 품질을 확보하고자 의료 · 간병 인프라가 완비된 수도권 등 도시권역으로 옮겨가려는 수요다.

동시에 장수 추세를 감안해 은퇴했음에도 불구하고 적극적인 자산운용에 매진하려는 투자수요도 뺄 수 없다. 적극적인 자산운용으로 수명연장 추세에 맞는 노후 안전망을 촘촘히 다지려는 욕구다.

최근 고령자가 유발한 교통사고가 늘면서 고령운전이 뜨거운 화두가 됐다. 면허 반납과 관련한 논란도 뜨겁다. 강제하지는 못하지만, 문제가 발생하기 전에 운전대를 놓자는 의견이 적잖다. 고령운전의 사고 발생율이 반드시 높다고는 볼 수 없지만, 또 하나의 노인문제로 비화되며, 초고령화 진입을 끝낸 한국사회에 의미 있는 메시지를 보내고 있다.

웰컴, 자율주행 로보택시

고령운전이 논쟁적일 수밖에 없는 것은 자유의지에 따른 이동권과 직결되는 기본욕구이기 때문이다. 더군다나 신체가 노쇠해질수록 차량 이동은 중요하다. 움직이지 못하면, 즉 생활반경이 좁아지면 삶의 질은 급락한다. 고립은 곧 절망을 뜻한다. 보통 '본인운전→외부의존→고립생활'의 단계를 거치며 노년기 이동욕구는 제한된다. 고령운전을 막으면 노년 고립은 시간문제란 얘기다. 외부의존은 번거로운 데다 비용도 수반된다. 최소한의 이동을 빼면 외출도 꺼려진다.

하지만 요즘어른은 달라질 전망이다. 달라진 노년 설계로 자유이동을 최대한 추구하려는 움직임이다. 움직여야 꿈도 희망도 연장되기 때문이다. 4단계 유희욕구의 무대를 넓히기 위해서도, 5단계 희망욕구를 설계하기 위해서도 이동은 핵심요소다. 혁신기술의 진화도 요즘어른의 자유이동을 보장하는 호재가 될 전망이다. 집안생활에 갇힌 노년을 구원해줄 AI 및 IoT 기반의 신기술이 그렇다. 신체 한계를 극복해줄 새로운 기술 채택도 있다. 실제 고령운전의 위험을 줄여줄 기술혁신이 본격화되고 있다. 자율주행 로보택시가 대안으로 떠오른다. 규제 완화까지 계속되면 로보택시 비즈니스는 한층 강화될 전망이다. 고도화된 자율주행시스템은 고령자의 운전 한계를 극복해줄 강력하고 새로운 비즈니스로 거론된다.

모빌리티 혁신과 대중교통의 변신

교통약자를 배려하는 방향으로 전환 중인 대중교통도 구체적이다. 이미 소멸 경고등이 켜진 농산어촌은 대중교통 수요가 줄어 양적·질적인 수준

감소가 불가피하다. 이동권리의 훼손이다. 그런데 신기술이 이를 최소화해줄 수 있다. 가령 노선버스 축소 문제 등은 앱을 통해 검색·예약·결제를 한꺼번에 처리하는 서비스로 해결된다. 사전 예약된 정류장에만 정차시켜 효율성을 높이는 식이다. '도어투도어'를 기본으로 하는 대중교통 체계도 예상된다. 이미 우버가 수요 대응형의 셔틀 서비스를 시작했다. 고령교통은 그 숫자와 이동욕구로 볼 때 거대한 수요를 낳는다. 선진국이 친고령 인프라Age-friendly SOC의 핵심 분야로 교통을 지목한 배경이다.

이는 신차 수요로도 연결된다. 인구변화는 이동패턴을 바꾼다. 실제 신차 시장에서 60대 이상이 4050세대의 소비 여력을 일찌감치 제쳤다. 완성차의 주요 고객은 환갑 이상의 고령고객으로 재편된다. 연령별 자동차 등록 대수는 60대(28.6%)가 50대(26.9%)와 40대(25.3%)보다 높다. 전형적인 타깃 고객이던 30대(16.2%)와 20대(3.1%)는 급감했다(서울시, 2023년). 차량 구매자의 평균연령이 높아지면서, 현대모비스는 운전자의 생체신호를 분석한 헬스케어 전용 제어기(스마트 캐빈 제어기)도 내놓았다. 운전자가 건강에 이상이 생기면 자율주행 등으로 변경되는 구조다.

자유이동을 원하는 것은 노년유희를 실현하는 핵심 수단이기 때문이다. 노년 진입 후 가정 내 결정권·구매력 등이 한 단계 업그레이드되는 여성그룹은 여행욕구가 강하다. '고령사회=여인천하'를 뒷받침하듯 그들의 1순위 유희 항목은 여행이다.

일본의 경우 은퇴 여성의 압도적인 취미가 국내 여행이다. 은퇴 남성의 동네 산책과 비교된다. 이때 신차 수요가 집중된다. 원하는 사람과 어디로

든 마음대로 여행을 떠나자면 신차구매 · 자가운전은 자연스럽다. 실제 고령여성의 운전 빈도는 뚜렷한 증가세를 보인다.

때문에 고령자 친화적인 자동차는 향후 신차 업계의 주요 화두로 등장할 전망이다. 청년인구의 탈자동차를 대체할 매력적인 신규 수요다. 초고령화 특화 설계가 반영된 신차 모델도 속속 출시를 앞두고 있다. 편의시설부터 안전장치까지 고령운전의 행동 · 패턴을 연구해 안정성과 편리성을 높였다. 쉬운 승하차, 주차 보조 등 단순한 기술 시현을 넘어 설계 전체에 노년을 반영한다. 노인차량은 복지차량이란 제한적인 고정관념은 탈피 대상이다.

고령운전이 어렵다고 자유이동을 포기할 수는 없다. 늙어도 이동하고 싶고, 반드시 외출해야 할 상황도 발생한다. 그런데 몸이 불편할수록 대중교통을 이용하기가 어렵다. 이동권을 도와주는 틈새사업이 등장하는 배경이다. 집사 서비스를 갖춘 호출차량, 전세차량 등이 여기에 해당된다. 일본은 택시업계가 도어투도어 서비스를 받아들였다. '안젠Anzen택시'는 고령고객의 외출 수요를 상황별로 나눠 대응한다. 즉 쇼핑대행, 참배동행, 자녀송영, 약품수령 등의 맞춤형 고령 서비스를 실시해 화제를 모았다. 한국도 일부 지자체가 100원 택시 등 교통약자의 이동을 돕는 정책을 시행 중인데 만족도가 높다고 한다.

여행욕구: 한 번만 간 사람은 없다

더 늦기 전 본인을 찾자는 데 반론은 없다. 본인이 원하는 꿈을 좇는 요즘어른의 등장이다. 건강하고 여유도 있는데 시간까지 많다면 더욱 그렇다. 그럼에도 관련 대응은 부족하다. 늙음과 희망을 연결하지 못하는 고정관념이 요즘어른의 꿈을 가로막는다. 워낙 수요가 적고 까다로워 별 볼 일 없는 비즈니스라는 오해도 적잖다.

이제까지는 그랬을지 몰라도 앞으로는 다르다. 만족감만 확인되면 노년의 희망욕구는 반복구매의 에너지가 된다. 다종다양한 소품종, 소량 공급도 경험 소비로 쌓이면 자아실현의 꽤 강력한 무기가 된다.

앞의 자유이동에서 살펴봤듯이 노년그룹의 여행욕구는 강력하고 지속적인 알짜 수요다. 원해도 떠나지 못했던 선배들과 달리, 늙음의 재구성에 적극적인 요즘어른의 여행욕구는 즉각적이고 반복적이다. 여행이 끝나는 순간, 다음 여행을 계획하는 반복소비 패턴이 노년의 희망이자 버팀목인 까닭이다.

여행만큼 노년생활과 궁합이 잘 맞는 항목도 없다. 무엇보다 신체 한계가 본격화되기 전에 최대한 경험하려는 한시적인 소비 특징이 여행욕구의 실행 패턴을 집중화, 다양화한다. 비용에 부담을 느끼기보다는 몸이 허락할 때 가능하면 자주 떠나려는 욕구가 시장화된다는 게 중요하다. 요즘어른의 여행욕구는 최적화 속에서 고도화된다.

고령 여행의 키워드는 '호화'

희망욕구로 삶의 행복감을 찾으려는 요즘어른의 우선 소비는 노후여행이다. 한일 양국 모두 여행은 행복 소비의 정점에 있다. 한국은 이른바 8대 고령친화산업(금융 제외) 중 여가산업이 전체의 30~40%를 차지할 정도로 압도적이다. 세부적으로는 문화(콘텐츠), 스포츠, 여행 등으로 구성된다. 이 중 문화는 고령친화 방송이나 정보 등을 말하는데 적극적인 확장 소비가 아니란 점에서 제외한다면, 사실상 여행이 여가산업의 중추가 된다. 특히 구매력을 갖춘 요즘어른의 노년 진입은 여행시장의 전망을 한층 밝게 한다. 30년 복합불황을 겪고 있는 일본도 부머집단의 여행수요는 꾸준했다는 평가를 받는다.

요즘어른의 여행 욕구 중 돋보이는 트렌드는 호화여행이다. 남들 시선과 노후 걱정으로 부유층조차 '호화' 딱지가 붙은 여행을 선뜻 선택하지 못하는 한국과 달리, 선진국들은 호화여행이 고령층의 상징적인 소비 품목으로 인식된다. 시장이 성숙된 가운데 상품이 세분화되고, 까다로운 부머세대의 눈높이에 맞춘 부가서비스도 개발되고 있다. 서구 선진국에서는 세계일주형 프로그램도 인기를 모은다.

서구에서는 '크루즈 여행=노후 트렌드'로 정착된 느낌이다. 크루즈 업종에 뛰어든 디즈니는 2031년까지 120억 달러(17조 3,000억 원)를 투자할 계획이다. 캐시카우로 점찍은 것이다. 고령화가 빨랐던 선진 제국의 노년 수요를 빠르게 읽은 덕분이다. 운영해 보니 현역세대보다 축적자산이 많은 고령고객이 경기변동에 덜 민감한 데다 꾸준한 소비를 한다는 점이 확인됐다. 특히 고령고객의 팬덤이 형성되면 재구매로 이어져 안정적인 매출이 가능하다. 중산층 이상 부유층이 집중 타깃이라 고객이 제한되지만 상품 다양화로 꾸준히 성장하고 있다.

부자 노인을 타깃으로 한 다양한 여행 아이템도 출시된다. 일본 JR큐슈는 철도 역사에 남을 초고가 침대열차 계획을 내놨다. '크루즈 열차'로 불리는 '별 일곱 in 큐슈なな⊃星in九州'다. 호화로운 침대열차로 이동하며 3박 4일 큐슈를 일주하는 여행상품인데, 20년 이상 베스트셀러로 명성을 떨치며 지금도 완판된다고 한다. 2인 1실에 1인당 약 60만 엔에 달하는 비용을 지불해야 하는 것으로 유명하다.

JR큐슈는 전문 대응팀을 만들어 추가적인 여행 상품 설계에 매진 중인데, 타깃은 부자 노인Old Rich이 아니라 일본판 요즘어른인 중장년이다. 규모, 구매력, 의욕 모두 선배세대를 앞선다. 그들이 벤치마킹하는 대상은 스페인 북부에서 운행되는 호화 침대열차다. 고가상품이지만 재구매가 많은 것으로 알려져, 부머 경제학의 성공사례로 기록되어 있다.

1인 여행, 간병여행, 과거여행

요즘어른의 등장으로 노년의 여행 패턴이 재구성된다. 이를 반영한 테마별 여행상품은 증가세다. 미시 시장의 집합체인 십인십색의 고령 심리를 반영하는 게 관건이다. 홀로 떠나는 1인 여행이 이에 해당한다. 일본의 '클럽투어리즘'이 내놓은 고령인구 1인 여행상품 '라라여행'이 대표적이다. 노후의 여행은 부부, 자녀, 친구 동반이 자연스러운데, 1인 여행은 파격이다. 이 실험은 꽤 성공한 것으로 보인다. 특정 시즌의 2박·3박 상품은 베스트셀러가 됐다. 명절 등에 혼자 여행하라는 제안이 먹힌다.

1인 여행의 낯섦과 불편을 해소할 장치를 곳곳에 마련했다. 하차할 때 화장실을 안내하거나 집합시간이 기재된 보드를 내거는 등의 조치다. 1인으로 와서 친구를 사귄 후, 다음번 여행에 함께 참가하는 경우도 적잖다. 건강상태나 희망사항 등을 사전에 공유해야 하는 것이 번거롭지만 만족도는 높다.

아프면 못 하는 게 여행이다. 이때 채워지지 못한 여행욕구를 새로운 시장기회로 만드는 기업가정신이 필요하다. 일본의 시니어 마켓이 만들어낸 성공사례가 바로 간병여행이다. 노인 여행의 불편과 장벽을 해소한 상품으로(Barrier Free), 전문 스태프를 붙여 상시 간병을 실현했다. 애초에는 시민단체의 사회공헌으로 시작했지만, 이젠 대형 여행사까지 간병여행 상품에 가세한다. 여행코스·특이사항 등 간병여행 관련 정보부터 관광·숙박시설의 휠체어 사용 여부 등을 취합·공개해주는 조직(베리어프리 관광추진기구)까지 있을 정도다.

요즘어른의 여행욕구는 테마상품의 확대공급으로 실현될 전망이다. 유력 그룹은 '여성+맞춤+국내'의 수요다. 당일여행이든 숙박여행이든, 은퇴인구 중 여행을 하려는 욕구는 여성그룹이 높다. 의욕과 금전능력을 겸비해, 동년배 남성보다 적극적인 의지를 표한다. '모녀여행'이 등장한 배경이다. 손쉽고 저렴한 국내여행이 먼저다. 준패키지도 세부 테마 중 하나다. 개별 선호를 반영한 맞춤 코스로 까다로운 고객 입맛에 맞춘 것이다. 코스 선정, 개별 예약, 자가운전 등의 선택지를 스스로 고르도록 했다. 패키지의 편리함과 개별여행의 장점을 합친 상품이다. 잠재수요를 일깨우려는 새로운 상품 제안이다.

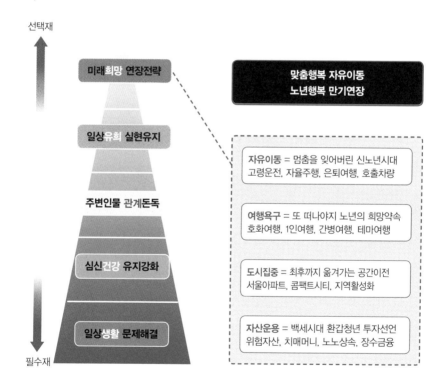

요즘어른의 5단계 희망욕구 소비키워드

'과거여행'도 세부 테마 중 하나다. 3단계 관계소비에서 보았듯이 추억과 공간을 연결한 과거여행은 수요가 꾸준하다. 과거에서 자아를 찾는 여행이라고도 할 수 있다. 살아온 인생경로를 되짚으며 만족감과 행복감을 확인한다. 경험과 추억을 공유하는 이들과의 동반 여행도 가능하다. 동창회, 수학여행, 고향 방문 등의 키워드를 여행으로 풀어낸 경우다. 일종의 인연 부활형 경험소비다. 일본에선 '하토버스'의 추억여행이 유명하다.

교통, 숙박, 렌터카, 부가서비스 등 여행 부품을 본인이 조립한다는 의미의 다이내믹 패키지Dynamic Package도 인기를 모은다. 사진 명소 등 특정 수요를 커버하는 노년 여행도 있다. 단순 관광을 넘어서서, 요즘어른의 체류 욕구를 충족해주는 '해외도시 한 달 살기'도 테마여행 중 하나다.

도시집중: 늙을수록 도시가 좋다는 역설

늙을수록 덜 움직인다는 건 상식에 가깝다. 그런데 요즘어른의 상황 변화를 보건대 이 상식은 수정될 확률이 높다. 안정과 정체가 아닌 이동을 선택함으로써 새로운 미래를 꿈꾸는 새로운 노년집단이 등장한 까닭이다. 원래 노년인구와 도심 거주는 맞지 않는 궁합으로 이해됐다. 은퇴 이후라면 물 맑고 공기 좋은 농촌지역이 선호되고 추천된다. 한때 전원주택 붐이 일었던 것도 같은 맥락이다. 친환경적인 농촌 권역에서 생활비를 아끼며 오순도순 인생 후반부를 사는 게 통설이었다. 하지만 이것은 모두 착각이자 오해였다. 예전에는 유유자적의 시골 생활이 맞았을지 몰라도 더는 아니다. 일자리든 소일거리든 탈출구는 오직 도심에만 있기 때문이다.

더 결정적인 이유는 의료·간병 수요 때문이다. 늙어서 몸이 아플 때 시골 생활은 족쇄나 다름없다. 다른 기반시설도 부족하지만 이렇다 할 병원이 없다는 건 치명적이다. 일시적 질환은 버틸 수 있어도, 장기 치료를 요하는 질환이면 시골생활은 불가능하다. 이동 능력이 있다면 통원치료도 가능하지만 그 이상은 무리다. 자의 반 타의 반 '농촌→도시'로의 이동은 불가피하다. 유병 확률이 높아지는 75세부터 시골생활의 장점은 단점으로 변질된다. 청년이 살고자 서울을 택하듯, 노년도 살고자 서울로 옮겨올 수밖에 없다. 자녀나 친지가 서울에 살아 생활 중재나 지원이 가능하면 서울 진입의 문턱이 한층 낮아진다.

강남 3구의 75세 이상 전입 증가

향후 수도 서울의 인구구성은 달라질 전망이다. 가공할 주거비와 생활비를 지불할 여력이 있어야 서울에 체류할 수 있다. 요즘어른의 도시 이동으로 서울의 집값도 최소한 급락은 없을 듯하다. 전체 인구집단으로 보면 한정자원을 상당 부분 확보한 중노년의 일부 그룹일 것이다. 길어진 노년 생활을 감안하면, 보다 확실한 서울 진입을 위한 자산 쟁탈전도 예상된다. 조짐은 많다. '노년인구=서울전입'이 확인되더니 '노년인구=위험자산'까지 목격된다. 모든 징표가 요즘어른으로 오버랩된다. 그렇다면 서울아파트는 건재할 수밖에 없다. 요즘어른의 공간 이동이 당분간 계속되고, 동시에 도시에 집중된다면 그들의 절대수요가 향할 곳은 한 곳뿐이기 때문이다.

실제 노년인구의 서울 전입 현상은 뚜렷하다. 갈수록 '농촌→서울'로의 이동 추세는 심화되는 양상이다. 청년인구의 퇴출과 노년인구의 진입이 동시에 이루어지고 있다. 아직은 퇴출인구가 더 많아 천만 서울의 위상이 무너졌지만, 1,700만 요즘어른의 서울 이동이 본격화되면 다시 일극 집중이 펼쳐질 수 있다.

시점은 의료·간병 수요가 시작되는 75세 진입이다. 2025년 1955년생이 70세에 들어섰으니 짧으면 5년, 길면 20~30년 후부터 고령인구의 서울행은 가속화될 수 있다. 특히 이들은 자산이 많고 소비 여력이 높은 부유한 노년인구일 가능성이 크다. 서울권역이 제공하는 의료·간병 서비스를 받기 위해 대가를 치를 의지와 능력을 갖췄다는 말이다. 2000년대 이후 의료 인프라가 좋은 강남 3구에 75세 이상 전입인구가 늘어난 것이 이를 뒷받침한다.

초고령화와 요즘어른, 그리고 공간 이전은 결국 도시집중을 의미한다. 과거 인구증가형 고출생 시대엔 인구 흡수를 위해 서울 외곽의 신도시로 대응해 왔다. 교외권의 압축·고밀 개발이다. 원도심이 확장되며 도시 범위를 넓히는 형태였다. 직장(원도심)과 주거(신도시)의 분리, 즉 직주분리가 기본 생활로 안착했다. 하지만 지금은 아니다. 인구감소로 확장 여력은 사라졌다. 인구 팽창기의 신도시를 넘겨받을 현역인구는 줄어들고 행정비용

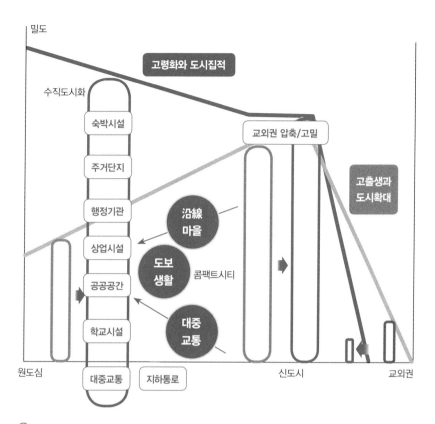

밀도

고령화와 도시집적

수직도시화

숙박시설

주거단지

행정기관

상업시설

공공공간

학교시설

대중교통 | 지하통로

沿線
마을

도보
생활

대중
교통

콤팩트시티

교외권 압축/고밀

고출생과
도시확대

원도심

신도시

교외권

⊙ 초고령화와 콤팩트시티 및 수직도시

은 늘어난다. 사람은 적은데 공간이 넓으면 유지가 어렵다. 이 과정에서
힘을 얻는 것이 콤팩트시티다. 공동화된 원도심에 학교·공공·상업·행
정·주거·숙박 등 기반시설을 집중해 수직도시처럼 만들자는 것이다. 또
한 도보권에 생활안전망을 두어 이동 욕구와 차량 사용을 줄이는 식이다.

콤팩트시티는 초고령화 시대를 맞아 설명력이 커진다. 신도시 확대로
중심 시가지가 쇠퇴하자 이에 대응한 일종의 입지 적정화 아이디어다. 도

시공간을 재구성해 쇠퇴를 늦추고 활력을 찾자는 개발 전략이다. 서울뿐 아니라 광역·중소도시도 콤팩트시티를 낙후된 원도심 개발모델로 언급한다.

주류는 민간 방식의 재건축·재개발이다. 도시재생의 실패 사례를 많이 경험해온 서울시도 원도심에 많은 시설을 집중하는 고밀도 압축개발로 돌아선 분위기다. 한편 중앙정부는 부도심이나 외곽의 신도시 개발로 주거공간 부족, 집값 폭등을 잡겠다는 방침이다. 따라서 도심공동화는 교통혼잡, 과잉개발, 직주분리의 신도시형 부작용보다 해결 순위가 낮다. 그럼에도 콤팩트시티는 중대한 문제 제기다. 신도시의 개발 한계와 구도심의 활로 유지를 풀 묘책일 수 있어서다.

콤팩트시티 실험은 진행 중

성장 정체의 함정에 빠진 선진국들을 중심으로 콤팩트시티가 본격 실험에 들어갔다. 일찍이 도심 쇠퇴를 겪은 일본에서는 2000년대부터 본격화됐다. 중심부의 쇠퇴 심화와 무분별한 교외 개발을 막기 위한 중심시가지활성화법(1998년)이 제정된 이후다. 도심 콤팩트화로 인구감소, 도시쇠퇴, 빈집 증가, 비용 압박 등의 동시 해결을 노렸다. 특히 중앙정부가 적극적이다. 사업기반을 만들기 위해 재정 확대, 규제 완화, 정비 지원 등에 나섰다. 성공 시 상당한 사회경제적 파급효과와 지역재생도 가능해서다.

가뜩이나 힘들어진 지방도시로선 가뭄의 단비다. 영국(밀레니엄 빌리지), 프랑스(리브고슈), 스페인(바르셀로나), 미국(포틀랜드) 등의 성공모델도 힘을 실어줬다. 가깝게는 일본의 롯본기힐즈도 모범사례로 손꼽힌다. 기대효과는 대중교통 이용 확대, 도시 외곽 개발 억제, 복합기능 집중활용, 지속가능 도시 조성 등 다양하다. 경제적 효율성과 환경적 안정성을 지키는 양수겸장의 묘수로 평가된다. 최근엔 기성도시의 재생 차원을 넘어 지속가능한 신도시 모형의 설계 개념으로 확대된다.

한편 도시 집중이 불러온 지방소멸에 맞서는 부머 경제학도 제기된다. 요컨대 베이비부머의 지방살이로 도농격차는 물론 지역의 활력을 되살려보자는 취지다. 수도권 집중의 해결책으로 은퇴인구를 지역으로 모시려는 러브콜은 많다. 전입인구에 직간접적인 현금, 공간, 직업 등을 제공하기도 한다. 은퇴부머의 지역살이가 새로운 순환경제를 창출할 것이란 기대가 높다. 이런 트렌드가 공고한 일본은 부머인구 중 지역재생에 경험이 많은 전문가를 뽑아 현장에 투입한다. 지역소멸을 막고 인구유입, 재정확보 등의 난제를 풀기 위함이다. 정주촉진 · 이주대책 등 전담부서를 만든 지자체는 부지기수다.

삶의 최후 무대가 군이 국내일 필요는 없다. 해외 경험이 많은 요즘어른은 외국에서 행복과 만족을 추구하려는 욕구가 상당하다. 당장 저렴한 물가와 좋은 날씨를 앞세운 동남아가 주요 대상이다. 빠듯한 연금이라도 그곳에서는 행복을 연장할 수 있다고 생각하기 때문이다. 살던 집을 팔고 외화예금으로 운용하면 이자 수입도 기대된다. 무리하지 않는 임대형 주거도 선택지다. 실제 몇몇 동남아 국가에서는 은퇴 외국인의 증가와 함께 병원, 슈퍼, 식당 등 특화 상권이 개발되는 모습이 확인된다. 일본의 경우 말레이시아, 싱가포르를 필두로 하와이, 태국, 호주, 캐나다 등이 유력 후보다. 완전 이민이 아닌 중·단기 거주도 매력적이다. 1년에 3~6개월씩 세컨드 라이프를 즐기는 식이다.

자산운용: 환갑 청년의 열혈 투자 선언

요즘어른이 돋보이는 것은 단연 돈의 힘이다. 아무리 인구 규모가 커도 돈이 없으면 시니어 마켓은 별 볼 일 없다. 일본이 실폐사례이자 반면교사다. 그런데 요즘어른의 등장으로 분위기가 달라진다. 한국의 경우, 요즘어른의 보유자산을 합하면 4,000조 원을 넘는 것으로 추산된다. 가계순자산의 40% 이상이다(60세 이상 순자산 4,307조 원, 가계금융복지조사). 금융권이 사활을 걸 만한 탐나는 시장이다. 그렇다 보니 금융서비스가 투자·세무·상속 등 자산관리를 위한 컨설팅부터 주거·취미·간병·여행에 심지어 교육설계, 자녀 맞선까지 아우른다. 요컨대 집사를 자처하는 분위기다. 4,000조 시니어 자산의 힘이다.

백세시대 환갑 청년의 투자는 위험자산의 적극 편입으로 대표된다. 현재의 행복을 미래의 희망으로 이어가기 위해 플러스알파를 추구하는 것이 자산운용의 원칙이다. 요컨대 저축에서 투자로의 전환이다. 수익은 위험에 수렴한다는 점에서 리스크의 일상화다. 환갑을 넘긴 요즘어른의 경우, 잃는다 해도 복구 여력이 있는 데다 도전 의지까지 높아 노인 특유의 안전 성향은 거부된다.

일본만 해도 환갑의 위험투자는 흔해졌다. 수명연장을 감안해 자산을 더 키우려는 강력한 동기의 발현이다. 본격적인 30년 디플레이션까지 경험했기에 정도의 차이는 있겠지만, 위험 편입은 상식적인 포트폴리오로 이해된다. 엔화 약세로 붐이 꺾였지만, 최근 20~30년간 레버리지가 높은 외환투자(FX)가 일본 노년층의 핵심 자산이 된 것도 같은 맥락이다. 일부지만 비트코인 등 새로운 위험자산도 가시권에 들어선다.

주식투자는 아예 일상적이다. 아베 정권 이후 주가지수가 우상향하자 투자 경험과 보유자산을 내세운 왕년의 그룹이 대거 주식투자에 뛰어들었다. 실제 금융자산 중 유가증권 보유가 높은 계층은 은퇴 가구(6070세대)가 압도적이다. 신흥국 투자자산으로 구성된 펀드 등 낯설고 위험한 신규상품을 편입하는 것도 대개는 환갑 이상 부머집단이란 게 정설이다.

일본에서 압도적인 지지를 받는 '플러스알파형 투자전략'은 중위험 수준으로 보인다. 유동성을 고려해 현금자산을 선호하되 배당금 · 분배금 · 이자 등 정기적인 플러스알파면 만족한다. 사실상 제로 금리의 시장이니 2~3%면 충분하다.

스테디셀러는 월지급식 펀드다. 매월 분배금과 원금을 지급해 유동성을 높였지만, 엄연히 실적배당의 펀드상품이다. 연금펀드나 라이프사이클펀드LCF처럼 은퇴고객의 눈높이에 맞췄다. 임대수입 배당상품인 리츠REIT도 주목된다. 경기회복으로 짭짤한 배당수익이 화제다. 업계도 '안전자산→위험자산'으로의 관점 전환을 유도한다. 가령 'On Demand'나 'Order Made' 형 PB상품이나 서비스가 그렇다. 생애주기에 따라 위험자산 투자 비중을 조절하는 타깃데이트펀드TDF도 화제다. 은퇴자금에 특화된 대표적인 인컴형 상품으로 한국에서도 인기가 높다.

잠긴 돈, 일본의 치매머니와 한국의 부동산

초고령화 사회란 늙음이란 이슈가 일반화된다는 얘기다. 따라서 '늙어버린 돈'이 '돈맥경화'에 빠질 확률이 높다. 이를 회춘시키는 방법과 정책이야말로 뜨거운 관심사다. 실제 선진국일수록 고령화와 금융산업은 우호적 관계를 맺는다. 선진국이란 다른 말로 자본강국, 금융대국이며, 금융은 내수산업의 중심이기 때문이다. 제조업에서 서비스업으로 무게중심을 바꾸는 성숙사회의 특수성도 금융산업의 성장 기회다.

정리하면 금융은 초고령사회를 지탱하는 기본 인프라다. GDP 대비 경제주체가 보유한 금융자산의 합인 총금융자산도 증가세다. 저성장인데 금융자산은 커졌다는 얘기다. 3대 금융권별로 보면 노후준비와 상속수요가 맞물린 보험과 증권(자산운용)은 맑음, 은행은 저금리로 흐림이 예상된다.

늙어가는 돈은 사회문제다. '부의 잠김'이란 독특한 현상 때문이다. 성장을 위해 자금을 공급해도 돈이 돌지 않으면 경제는 폐색된다. 일본에서 이는 '치매머니'로 연결된다. 치매에 걸리면 환자의 자산은 본인 동의 없이 인출이 불가능해진다. 이런 동결자산을 치매머니라 한다. 일본은 치매머니가 GDP의 32%(175조 엔)에 달한다고 한다.

와중에 늙은 부모의 자산이 막 늙기 시작한 자녀에게 넘겨지는 '노노상속'도 심각해진다. 80~90세 부모가 60~70세 자녀에게 상속하는 셈이다.

◉ **부의 회춘과 세대 이전**

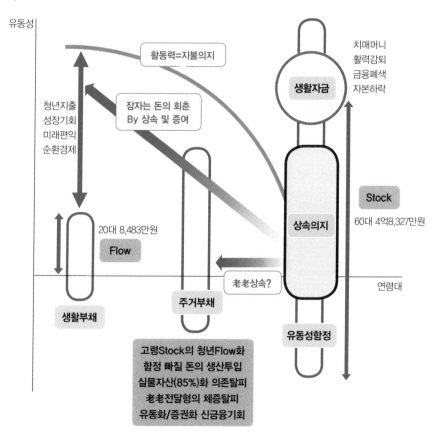

최근 일본은 80세 이상 부모의 상속이 70%대를 차지한다. 노인이 노인에게 상속하는 노노상속 규모는 연간 50조 엔을 웃돈다. 이렇게 가계자산이 고령층에 집중되면 돈도 늙어갈 수밖에 없다. 한국은 부동산 중심의 실물 자산 비중이 80%에 육박하므로, 고령 자산을 유동성으로 풀어줄 방안은 더 절실하다.

당분간 늙어버린 돈의 관심사는 주인을 갈아타는 이전수요로 집중된다. 향후 10년 정도 한국사회의 금융 이슈 중 가장 민감하고 절실한 내용이 상속·증여. 활동적인 현역인구에게 자산이 넘어가면 소비 진작부터 경기 활력까지를 기대할 수 있다. 부자 노인과 활력 청년의 상생 조합에도 좋다. 일본의 2024년 핵심 정책 중 하나도 고령인구의 스톡(자산)을 청년그룹의 플로(현금)로 바꿔주는 것이다. 일본에서는 이를 '새로운 자본주의'로까지 칭한다. 남아서 고여 있는 돈이 흐르도록 해서 순환효과를 내자는 얘기다. 실제 일본은 '생전증여'를 독려하고 있다. 부모 사망 시점에서 3년 전까지 증여한 재산은 상속세 대상인데, 이를 사망 시점에서 7년 전까지로 강화한 것이다. 기왕 물려줄 생각이면 빨리 증여하라는 얘기다.

장수금융 시대의 사업 힌트

초고령화 사회에서 민영의료, 치매보험, 퇴직연금 등의 이슈도 부상한다. 국민연금 개혁처럼 재정 고갈은 불가피하다. 노후 불안은 커질 수밖에 없고, 불안 해소 욕구는 금융시장의 성장 기회다. 그나마 안전판인 퇴직연금이 대표적이고, 개인연금도 유력한 안전장치다. 한편 건강보험은 이미 적자 상황이다. 연간 단위로 보험료보다 지출액이 더 커지는 구조적인 적자 구간에 진입했다.

노후는 아플 수밖에 없다. 결국 의료보험은 물론 치매보험처럼 위험 타개를 위한 상품 수요는 커진다. 상속 관련 상품도 세분화된다. 생전에는 생활자금으로 사용하면서 추후 치매가 걸리는 상황이나 사후 상속까지 하나로 묶은 신탁상품이 그렇다. 치매에 따른 자금동결을 막고 유언처럼 기능하는 유언대용신탁이 대표적이다. 금융사와의 계약만으로 상속 설계가 가능하고 원금보장은 물론 운용수익까지 기대된다.

눈치 빠른 금융권은 범용 · 청년에서 특화 · 노년으로 갈아타는 추세다. 점포 숫자가 줄어드는 가운데 타깃 고객이 바뀌는 분위기다. 카카오뱅크는 최근 노년층을 향한 모바일뱅킹 서비스를 도입하며 영역 확장에 나섰다. 오프라인을 갖춘 시중은행들은 시니어 특화 점포로 피벗 전환을 실험한다. 완연히 달라진 풍경이다. 글씨는 크고 문구도 쉬우며 메뉴는 단순화했다. 전담 매니저가 배치돼 친절히 설명해준다. 고령자를 위한 금융교육을 통해 은행을 라운지처럼 왕래하도록 했다. 앱은 새로 포맷된다. 고령 친화적인 간편 모드를 적극 도입하고 보이스피싱 등 이상거래는 자동으로 탐지토록 했다. 이미 금융자산 점유 비율 1위가 60대(29.3%)로 자산보유액이 상당한 덕분이다(2024년). 은퇴자산을 감안할 때 전용 서비스나 특화상품 등 개발 경쟁은 한층 치열해질 전망이다.

상품도 축을 바꾸고 있다. 일본의 톤틴Tontine연금이 대표적이다. 연금과 복권의 특징을 두루 섞은 일종의 연금보험으로, 가입자의 사망시점에 따라 '모 아니면 도' 식의 구조를 갖는다. 장수할수록 더 받지만, 연금 수급 전에 사망하면 원금도 못 건진다는 뜻이다. 10명이 100만 엔씩 갹출 후 5

◎ 초고령화 금융산업 유망 섹터 및 대표사례

산업 이슈	유망 섹터	대표사례
노후소득 확충형 자산관리 고도화	**사적연금 등 노후소득/자산관리** • 로보어드바이저/개인서비스 대중화 • 저보수형 장기성과/고객맞춤형 포트폴리오	**뱅가드** • 저비용 패시브 운용역량 • 로보어드바이저/개인서비스 고객 확대
재산권 이전/신탁 재산 유동화	**증여 · 상속 연계 신탁서비스** • 유언대용/특정증여/교육자금증여/결혼 · 육아지원신탁/후견제도지원신탁 등 • 가업승계/신탁재산 유동화 서비스	**MUFG** • 디지털 플랫폼형 유언신탁 • 잠재고객 관계 구축 • 고액 자산가 타깃
라이프사이클형 웰스 · 헬스 연계	**웰스 · 헬스 연계 요양서비스** • 건강상태 고려한 웰스/노후 삶 관리 • 디지털 헬스케어/요양 · 자산관리 강화 • 노하우로 시니어 신 비즈니스 확장	**솜포** • 디지털 기반 개인건강/노후 삶 관리 • 자산관리 연계형 전방위적 서비스

자료: 삼정KPMG(2024)

명이 생존하면 200만 엔씩 분배한다(금리 고려 없는 단순계산). 미쓰이스미토모는 일본 최초로 톤틴 상품(종신연금보험)을 내놨다. 이후 유사 상품이 봇물 터지듯 출시되었다. 이에 고무된 노무라증권은 장수투신을 내놨다. 이자 연 3%를 목표로 설정해 고령고객의 눈높이에 맞췄다. 톤틴상품은 베이비부머의 장수에 대비하는 차원에서 2000년대부터 폭넓게 채택됐으며, 미국 등 서구에선 보편적이다. 확정갹출연금(톤틴 방식의 장수연금)이 나오자, 보험료만 연 30억 달러인 시장으로 성장했다.

한국은 상황이 더 밝다. 가계의 금융자산은 36%에 불과하다. 미국 (71.5%), 일본(63%)보다 확연히 낮다(2021년). 반대로 부동산 의존도는 높다. 소득 없는 노후에 환금성과 유동성이 골칫거리로 떠오를 수밖에 없다. 금융자산 보유와 투자가 강조되는 이유다. 한편, 퇴직연금의 활용 여하에 따라 노년생활의 품질은 달라진다. 미국은 확정기여형 퇴직연금인 401(k)가 상당한 역할을 맡는다. 장기간 원리금 비보장형 상품으로 소득대체율을 81%까지 끌어올렸다. 운용사인 뱅가드가 2010년대부터 퇴직연금 운용액 1위를 기록한 배경이다. 안정적인 패시브 운용전략으로 시장 장악력을 높였다는 후문이다. 특히 온라인·비대면 혁신기술도 적극 활용한다. 로보어드바이저RA 등 AI와 플랫폼을 이용한 혁신기술을 동원해 저비용을 실현함으로써 수익성을 높이려는 차원이다.

신탁은 무궁무진한 성장성을 지닌다. 신탁계약이나 유언의 형태로 재산을 금융권에 맡긴 후 사전에 정한 계약에 따라 관리해서 수익자에게 귀속시켜 주는 상품이다. 선진국에선 종합재산관리와 자산유동화를 위해 자주 활용된다. 규제 완화가 본격화될 경우, 초고령사회를 상징하는 금융상품으로 부각할 수 있다. 일본만 해도 수탁 가능한 재산 범위를 넓혀(열거주의→포괄주의) 상품을 다양화, 고도화했다. 유언대용신탁뿐 아니라 수익자 연속신탁, 사업신탁 등으로 유연성을 높였다. 잠재고객과 주변 가족들에게 플랫폼 앱 등 무료 서비스를 제공하는 등 유대관계를 구축한 것이 먹혀들었다는 평가다.

◇ 당신은 언제나 옳습니다. 그대의 삶을 응원합니다. **– 라의눈 출판그룹**

요즘어른의 부머 경제학

초판 1쇄 | 2025년 4월 7일

지은이 | 전영수
펴낸이 | 설응도　　　　　　　　편집주간 | 안은주
영업책임 | 민경업　　　　　　　디자인 | 박성진

펴낸곳 | 라의눈

출판등록 |　2014 년 1 월 13 일 (제 2019–000228 호)
주소 | 서울시 강남구 테헤란로 78 길 14-12(대치동) 동영빌딩 4층
전화 |　02-466-1283　　　팩스 |　02-466-1301

문의 (e-mail)
편집 |　editor@eyeofra.co.kr
마케팅 |　marketing@eyeofra.co.kr
경영지원 |　management@eyeofra.co.kr

ISBN 979-11-92151-18-2　03320